Reinhard Zimmermann

Die Europäisierung des Privatrechts und die Rechtsvergleichung

Schriftenreihe
der
Juristischen Gesellschaft zu Berlin

Heft 179

W
DE
G
RECHT

De Gruyter Recht · Berlin

Die Europäisierung des Privatrechts und die Rechtsvergleichung

Von
Reinhard Zimmermann

Vortrag,
gehalten vor der
Juristischen Gesellschaft zu Berlin
am 15. Juni 2005

W
DE
G
RECHT

De Gruyter Recht · Berlin

Professor Dr. Dr. h.c. mult. *Reinhard Zimmermann,*
Direktor am Max-Planck-Institut
für ausländisches und internationales Privatrecht, Hamburg

Gedruckt auf säurefreiem Papier,
das die US-ANSI-Norm über Haltbarkeit erfüllt.

ISBN-13: 978-3-89949-328-3
ISBN-10: 3-89949-328-1

Bibliografische Information Der Deutschen Bibliothek

Die Deutsche Bibliothek verzeichnet diese Publikation in der Deutschen
Nationalbibliografie; detaillierte bibliografische Daten sind im Internet über
http://dnb.ddb.de abrufbar.

Printed in Germany

Satz: DTP Johanna Boy, Brennberg
Druck: Druckerei Gerike GmbH, Berlin
Buchbinderische Verarbeitung: Industriebuchbinderei Fuhrmann GmbH & Co. KG, Berlin

Jens Peter Meincke

als Zeichen des Dankes und der Verbundenheit
über mehr als drei Jahrzehnte

Vorwort

Dies Manuskript bildete die Grundlage für zwei Vorträge, die ich am 15. Juni 2005 vor der Berliner Juristischen Gesellschaft und am 22. Oktober 2005 auf einem Festakt der Universität zu Köln aus Anlaß des 70. Geburtstages ihres Altrektors, Prof. Dr. Jens Peter Meincke, gehalten habe. Es handelt sich um die deutsche Version meines Beitrages „Comparative Law and the Europeanization of Private Law", in: Mathias Reimann und Reinhard Zimmermann (Hg.), Oxford Handbook of Comparative Law, Oxford University Press, in Vorbereitung für Winter 2006/2007. Die Fußnoten sind auf wenige Angaben beschränkt, über die weitere Literatur leicht erschlossen werden kann. Ich danke Klaus Geppert (Berlin) und Barbara Dauner-Lieb (Köln) für die freundlichen Einladungen nach Berlin und Köln.

Hamburg, Dezember 2005   Reinhard Zimmermann

Inhaltsüberblick

I. Prolog:
Privatrechtsvereinheitlichung
als Aufgabe der Rechtsvergleichung

Der Internationale Kongreß für Rechtsvergleichung, der im Jahre 1900 in Paris stattfand, gilt heute weithin als Geburtsstunde der modernen Rechtsvergleichung als einer eigenständigen Disziplin der Rechtswissenschaft. Den Kongreß prägten zwei französische Gelehrte, Edouard Lambert und Raymond Salleiles, die von der Idee eines *droit commun de l'humanité civilisée* inspiriert waren.[1] Rechtsvergleichung hatte nach ihrer Ansicht die Aufgabe, die zufälligen Unterschiede auszugleichen, die die Rechtsordnungen der modernen Nationalstaaten voneinander trennen. Rechtsvereinheitlichung galt damit von Anfang an als eine zentrale Aufgabe wissenschaftlich begründeter Rechtsvergleichung. Dieser gedankliche Impuls führte, wenngleich erst nach Beendigung des Ersten Weltkrieges und unter dem Dach des Völkerbundes, zur Gründung eines Internationalen Instituts für die Vereinheitlichung des Privatrechts (UNIDROIT) in Rom. In den sechziger Jahren des 20. Jahrhunderts entstand unter dem Namen UNCITRAL (United Nations Commission on International Trade Law) eine zweite Organisation, die sich der internationalen Privatrechtsvereinheitlichung widmete. Doch war der Einfluß von UNIDROIT und UNCITRAL auf die Privatrechtsentwicklung bislang eher bescheiden.[2] Ihr bislang größter Erfolg war die Vorbereitung der *Convention on the International Sale of Goods* (CISG): eines Dokuments, das Kernbereiche des traditionellen Privatrechts betrifft und, da es inzwischen von mehr als sechzig Staaten in Kraft gesetzt worden ist, zunehmend praktische Bedeutung gewinnt.[3] Es hat zudem großen Einfluß im Bereich nationaler und supranationaler Rechtsreform erlangt. Die treibende Kraft hinter der internationalen Kaufrechtsvereinheitlichung war Ernst Rabel, einer der bedeutendsten Rechtsvergleicher des 20. Jahrhunderts. Sein zweibändiges

---

[1] Vgl. den Bericht von *David S. Clark*, Nothing New in 2000?: Comparative Law in 1900 and Today, Tulane Law Review 75 (2001), 871 ff.; es handelte sich um einen Vortrag im Rahmen des „Centennial World Congress on Comparative Law", der in New Orleans zur Feier des 100. Jubiläums des Kongresses von Paris veranstaltet wurde.

[2] *Herbert Kronke*, Ziele – Methoden, Kosten – Nutzen: Perspektiven der Privatrechtsharmonisierung nach 75 Jahren UNIDROIT, JZ 2001, 1149 ff. Kronke ist gegenwärtig Generalsekretär von UNIDROIT.

[3] Kurt Siehr und Reinhard Zimmermann (Hrsg.), Symposium: „The Convention on the International Sale of Goods and its Application in Comparative Perspective", RabelsZ 68 (2004), 427 ff.; Franco Ferrari (Hrsg.), Quo Vadis CISG? (2005).

„Recht des Warenkaufs" gilt noch heute als Vorbild der modernen, historisch und vergleichend angelegten Monographie.[4]

Rechtsvereinheitlichung auf globaler Ebene stößt angesichts des offenbar unvermeidlich eurozentrischen Charakters dieses Unternehmens und der großen Divergenzen unter den nationalen Rechtsordnungen weltweit auf erhebliche Schwierigkeiten. Denn diese Divergenzen beruhen nicht immer auf mehr oder weniger zufälligen Entwicklungseigentümlichkeiten; sie können vielmehr in fundamentalen kulturellen, ökonomischen oder politischen Unterschieden begründet sein. Rechtsvereinheitlichung hat deshalb sehr viel größere Erfolgsaussichten, wenn sie sich auf Rechtsordnungen von Nationen konzentriert, die sich auf einer ähnlichen Stufe der Kultur- und Wirtschaftsentwicklung befinden und die darüber hinaus dieselben historischen Erfahrungen und politischen Grundvorstellungen miteinander teilen. Wenn solche Nationen sich zu einer Wirtschaftsgemeinschaft zusammentun, muß die Vereinheitlichung des wirtschaftsnahen Zivilrechts früher oder später beinahe zwangsläufig zu einem Desiderat von erheblicher praktischer und politischer Bedeutung werden.[5] Eben dies ist in Europa nach dem Zweiten Weltkrieg geschehen. Die Herausbildung eines europäischen Privatrechts ist eine der bedeutendsten juristischen Entwicklungen der Gegenwart. Die Wissenschaft der Rechtsvergleichung hat in diesem Prozeß eine wichtige Rolle gespielt. Die Europäisierung des Privatrechts als Aufgabe und Herausforderung der Rechtsvergleichung: das ist damit das Thema dieses Vortrages.

II. Die Europäisierung des Privatrechts

1. Von Rom bis Laeken:
Die Entstehung der Europäischen Union

Die durch die beiden Weltkriege herbeigeführten Verwüstungen bildeten den traurigen Kulminationspunkt einer Ära aggressiven Nationalismus. Die drei Europäischen Gemeinschaften sollten deshalb zu Eckpfeilern

---

[4] *Ernst Rabel*, Das Recht des Warenkaufs (2 Bde., 1936 und 1958). Zu Rabel vgl. *Gerhard Kegel*, Ernst Rabel – Werk und Person, RabelsZ 54 (1990), 1 ff.; *Reinhard Zimmermann*, „In der Schule von Ludwig Mitteis": Ernst Rabels rechtshistorische Ursprünge, RabelsZ 65 (2001), 1 ff.; *Timo Utermark*, Rechtsgeschichte und Rechtsvergleichung bei Ernst Rabel (2005).

[5] Vgl. hierzu allgemein *Arnald J. Kanning*, Unifying Commercial Laws of Nation-States: Coordination of Legal Systems and Economic Growth (2003).

für ein friedliches und vereintes Europa werden.[6] Das wird etwa deutlich aus dem in der Präambel des Vertrages zur Gründung der Europäischen Gemeinschaft niedergelegten „festen Willen, die Grundlage für einen immer engeren Zusammenschluß der europäischen Völker zu schaffen". Die Intentionen der Gründungsväter spiegelten insoweit die Ideen wider, die Winston Churchill in seiner berühmten Züricher Rede vom September 1946 (und zuvor bereits Aristide Briand) geäußert hatte.

Der tatsächliche Fortschritt war dann jedoch langsamer als ursprünglich erhofft. Lange Zeit blieb die Europäische Gemeinschaft im Wesentlichen eine Wirtschaftsgemeinschaft. Erst in den letzten drei Jahrzehnten des 20. Jahrhunderts erhielt die Integrationsbewegung neuen Schwung. Es kam zur Verabschiedung der Einheitlichen Europäischen Akte von 1986, die nicht nur die Kompetenzen der Gemeinschaft erweiterte, sondern auch die Verpflichtung enthielt, Maßnahmen mit dem Ziel der Etablierung eines Binnenmarktes bis Ende 1992 zu ergreifen. Der im Februar 1992 unterzeichnete Vertrag von Maastricht legte den Grund für eine Währungsunion, die im Jahre 1999 weithin verwirklicht wurde, und schuf die Europäische Union, beruhend auf den drei bestehenden Gemeinschaften und auf zwei neuen Säulen, einer gemeinsamen Außen- und Sicherheitspolitik sowie der polizeilichen und justiziellen Zusammenarbeit in Strafsachen. Mit dem Vertrag von Amsterdam von 1999 kam es zu einer weiteren Vertiefung der Integration in den Bereichen außerhalb der Wirtschaftspolitik. Der Vertrag von Nizza (Dezember 2000) brachte eine Reihe institutioneller Reformen. Schließlich wurde in der Erklärung über die Zukunft der Europäischen Union auf dem Ratsgipfel von Laeken (Dezember 2001) die Einberufung eines Konvents zur Ausarbeitung eines europäischen Verfassungsvertrages beschlossen. Das von diesem Konvent ausgearbeitete Dokument wurde zwar im Juni 2004 von den Regierungen der Mitgliedstaaten der Europäischen Union unterzeichnet, doch ist nach dem negativen Ausgang der Volksabstimmungen in Frankreich und in den Niederlanden der Versuch einer Verfassungsgebung für Europa jedenfalls vorerst gescheitert.[7]

---

[6] Für Einzelheiten vgl. die Materialsammlung von Reiner Schulze und Thomas Hoeren (Hrsg.), Dokumente zum Europäischen Recht (2 Bde., 1999 und 2000).

[7] Dazu *Jürgen Schwarze*, Der Europäische Verfassungsvertrag, JZ 2005, 1130 ff.

2. Ein Flickenteppich von Richtlinien

Obwohl Walter Hallstein, der erste Präsident der Europäischen Kommission, bereits im Jahre 1964 auf die Notwendigkeit einer Harmonisierung des Privatrechts in Europa aufmerksam gemacht hatte,[8] begann sich die Privatrechtswissenschaft dieser Aufgabe ernsthaft erst seit etwa 1990 anzunehmen. Bis dahin war die Europäische Wirtschaftsgemeinschaft vor allem als eine Organisation wahrgenommen worden, die sich mit Importzöllen und mit Subventionen für die Landwirtschaft befaßte und die die Form von Traktorsitzen oder die Größe von Gurken regulierte. Europäisches Gemeinschaftsrecht wurde zu einer Spezialmaterie, die zudem ganz überwiegend als Teil des öffentlichen Rechts betrachtet wurde. Auch als die Europäische Gemeinschaftsgesetzgebung in das Privatrecht einzudringen begann, geschah dies zunächst in Spezialbereichen wie dem Kartellrecht oder Immaterialgüterrecht. Ein besonders ambitioniertes Harmonisierungsprogramm wurde für den Bereich des Gesellschaftsrechts geplant (und teilweise durchgeführt).[9] Die ersten beiden Richtlinien in Kernbereichen des traditionellen Privatrechts datieren von 1985: die Richtlinie über die Haftung für fehlerhafte Produkte und über den Verbraucherschutz im Falle von außerhalb von Geschäftsräumen geschlossenen Verträgen. Doch es war erst die Klauselrichtlinie von 1993, die jedem Juristen klar vor Augen führte, daß das Privatrecht in Europa eine neue Dimension erhalten hatte. Zunächst war sogar die Einführung einer Billigkeitskontrolle für alle in Verbraucherverträgen enthaltenen Bestimmungen erwogen worden, ganz unabhängig davon, ob sie vorformuliert sind oder nicht. Nachdrücklicher Widerspruch, vor allem aus Deutschland,[10] zwang die Europäische Kommission insoweit zu einem Rückzug. Ein weiterer signifikanter Schritt auf dem Weg der Europäisierung des Privatrechts durch Gemeinschaftsgesetzgebung war der Erlaß der Verbrauchsgüterkauf-Richtlinie im Jahre 1999. Schließlich war der Kauf seit dem römischen Recht der zentrale Vertragstyp für das Geschäftsleben; zudem sollte die Richtlinie ein allgemeines Modell für die Modernisierung der nationalen Kaufrechte und die Grundlage für eine europäische Kaufrechtskodifikation

---

[8] *Walter Hallstein*, Angleichung des Privat- und Prozessrechts in der Europäischen Wirtschaftsgemeinschaft, RabelsZ 28 (1964), 211 ff.

[9] Siehe jetzt *Mathias Habersack*, Europäisches Gesellschaftsrecht (2. Aufl., 2003); *Stefan Grundmann*, Europäisches Gesellschaftsrecht (2004).

[10] Siehe beispielsweise *Claus-Wilhelm Canaris*, Verfassungs- und europarechtliche Aspekte der Vertragsfreiheit in der Privatrechtsgesellschaft, in: Wege und Verfahren des Verfassungslebens: Festschrift für Peter Lerche (1993), 873 ff.

bilden.[11] In Deutschland hat sie die einschneidendste Reform des BGB seit seinem Inkrafttreten ausgelöst.

Heute haben wir fast zwanzig Richtlinien im Bereich des traditionellen Privatrechts und viele weitere darüber hinaus.[12] Sie bilden ein Sammelsurium einzelner gesetzlicher Regelungen, die vielfach weder untereinander gut abgestimmt sind, noch mit dem allgemeinen Privatrecht harmonieren, das sie ergänzen. Die mit dem Schlüsselbegriff des Verbrauchers verbundenen Wirrungen bieten ein Beispiel.[13] Der gemeinsame Nenner dieser Richtlinien liegt darin, daß sie einen Bezug zum Funktionieren des Binnenmarktes haben oder doch haben sollten. Das gibt ihnen eine gewisse rechtspolitische Schlagseite. Denn die Bedeutung privatrechtlicher Regelungen und Institutionen erschöpft sich nicht in der Schaffung und Sicherung von Märkten. So ist das Vertragsrecht mehr als eine Art Korollarium von freiem Warenverkehr und Freizügigkeit, von Freiheit des Dienstleistungsverkehrs und Kapitalverkehr. Im übrigen sind die Richtlinien in nationales Recht umzusetzen. Ob die Mitgliedstaaten dies im Wege von Einzelgesetzen, durch den Erlaß von Teilkodifikationen (etwa eines Verbrauchervertragsgesetzes) oder durch Einfügung in die allgemeine Zivilrechtskodifikation tun: die nationalen Rechtsordnungen erhalten dadurch unvermeidlich einen höheren Grad an Komplexität. Insbesondere die Entwicklung des Verbraucherrechts ist während der vergangenen 25 Jahre von der Europäischen Union dominiert worden. Doch ist noch immer umstritten, wie Verbrauchervertragsrecht und

---

[11] *Stefan Grundmann*, in: Stefan Grundmann und Cesare Massimo Bianca (Hrsg.), EU-Kaufrechts-Richtlinie: Kommentar (2002), Einleitung, Rn. 19.

[12] Einen Überblick gibt *Peter-Christian Müller-Graff*, EC Directives as a Means of Private Law Unification, in: Arthur Hartkamp u.a. (Hrsg.), Towards a European Civil Code (3. Aufl., 2004), 77 ff. Die Richtlinien zu Kernbereichen des Privatrechts sind leicht zugänglich über Reiner Schulze und Reinhard Zimmermann (Hrsg.), Europäisches Privatrecht: Basistexte (3. Aufl., 2005).

[13] *Wolfgang Faber*, Elemente verschiedener Verbraucherbegriffe in EG-Richtlinien, zwischenstaatlichen Übereinkommen und nationalem Zivil- und Kollisionsrecht, ZEuP 6 (1998), 854 ff.; *Karl Riesenhuber*, System und Prinzipien des Europäischen Vertragsrechts (2003), 250 ff.; *Hannes Rösler*, Europäisches Konsumentenvertragsrecht (2004), 101 ff.; *Bettina Heiderhoff*, Grundstrukturen des nationalen und europäischen Verbrauchervertragsrechts (2004), 238 ff. Vgl. allgemein ferner *Thomas M. J. Möllers*, Europäische Richtlinien zum Bürgerlichen Recht, JZ 2002, 121 ff. Zum institutionellen Rahmen der Privatrechtsharmonisierung innerhalb der EU vgl. nunmehr den Überblick bei *Thomas Wiedmann* und *Martin Gebauer*, Zivilrecht und europäische Integration, in: Martin Gebauer und Thomas Wiedmann (Hrsg.), Zivilrecht unter europäischem Einfluß (2005), 3 ff.

allgemeines Vertragsrecht sich zueinander verhalten.[14] Alle einschlägigen Richtlinien sind auf Art. 95 EG-Vertrag gegründet worden oder, in den Worten der Richtlinien selbst, „insbesondere auf Art. 95". In seiner Entscheidung zur Richtlinie über die Tabakwerbung hat der EuGH jedoch betont, daß die Europäische Union Maßnahmen zur Harmonisierung der Rechtsordnungen der Mitgliedsaaten nur mit dem Ziel treffen darf, das Funktionieren des Binnenmarktes zu verbessern. Das ist nur dann der Fall, wenn die Unterschiede der einschlägigen nationalen Rechtsregeln ein Hemmnis für den freien Handel zwischen den Mitgliedstaaten darstellen oder zu spürbaren Verzerrungen des Wettbewerbs führen.[15] Angesichts dieser strengen Anforderungen beruhen eine Reihe der Verbraucherschutz-Richtlinien auf brüchigen Grundlagen. In Wirklichkeit scheint es der Europäischen Union denn auch um die Gewährleistung eines einheitlichen Verbraucherschutzniveaus zu gehen und nicht so sehr um den Abbau vermeintlicher Handelsbeschränkungen, die sich aus Unterschieden im Schutzniveau ergeben.[16]

3. Die Rolle des Europäischen Gerichtshofs

Wenn damit der Stand legislativer Rechtsvereinheitlichung innerhalb der Europäischen Union aus einer Reihe von Gründen unbefriedigend ist, so tragen die Aktivitäten des EuGH nicht viel zur Verbesserung des Bildes bei. Zwar prägt das Gericht Begriffe, Regeln und Prinzipien, die für das Recht der Gemeinschaft und in zunehmendem Maße auch für die Rechte ihrer Mitgliedstaaten maßgeblich sind. Doch sind die ihm dafür zu Gebote stehenden Gelegenheiten beschränkt durch Art. 220 ff. EG-Vertrag.[17] Der EuGH ist kein oberstes Zivilgericht für die Europäische Union. Er ist zuständig für die Entscheidung von Rechtsstreitigkeiten über den Ersatz von Schäden, die durch die Gemeinschaft verursacht worden sind, und

---

[14] Einen auf die Selbstbestimmung des Verbrauchers gegründeten Ansatz entwickelt *Josef Drexl*, Die wirtschaftliche Selbstbestimmung des Verbrauchers (1998); vgl. auch *Reinhard Zimmermann*, Consumer Contract Law and General Contract Law, in: *idem*, The „Modernization" of the German Law of Obligations in Historical and Comparative Perspective (2005), 159 ff.

[15] EuGH v. 5. 10. 2000, Rs. C-376/98 (Bundesrepublik Deutschland ./. Europ. Parlament), Slg. 2000, I-8419.

[16] *Wulf-Henning Roth*, Europäischer Verbraucherschutz und BGB, JZ 2001, 477 ff.

[17] *Walter van Gerven*, The ECJ Case-law as a Means of Unification of Private Law, in: Hartkamp u.a. (Fn. 12), 101 ff.

für den Bereich der außervertraglichen Haftung verweist Art. 288 (2) EG-Vertrag in diesem Zusammenhang ausdrücklich auf die „allgemeinen Rechtsgrundsätze, die den Rechtsordnungen der Mitgliedstaaten gemeinsam sind".[18] Abgesehen davon ist der EuGH mit privatrechtlichen Fragen vor allem auf dem Weg über das Vorabentscheidungsverfahren nach Art. 234 EG-Vertrag befaßt; Ziel dieses Verfahrens ist die Gewährleistung einer einheitlichen Auslegung des Gemeinschaftsrechts. So hat der Gerichtshof beispielsweise entschieden, daß das Widerrufsrecht bei Haustürgeschäften für Bürgschaften gilt, sofern auch die zu sichernde Hauptschuld in einer Haustürsituation begründet worden ist; daß ein Käufer, der ein Haustürgeschäft abgeschlossen hat, dies auch nach dem Ablauf von sechs Monaten widerrufen können muß, wenn er über sein Widerspruchsrecht nicht informiert worden ist; oder daß der Begriff des Schadens in der Pauschalreise-Richtlinie (und darüber hinaus?) auch immaterielle Schäden umfaßt.[19] Dies sind zweifellos wichtige Fragen, die die Privatrechtsanwendung in allen 25 Mitgliedstaaten der EU betreffen. Gleichwohl kommt es auch so nur zu einer begrenzten und fragmentarischen Harmonisierung des Rechts.

4. Harmonisierung des gegenwärtigen und künftigen Acquis?

Das Gegenteil einer fragmentarischen ist eine umfassende und systematische Harmonisierung. Sie läßt sich nicht durch die Rechtsprechung, sondern nur im Wege der Gesetzgebung erreichen. Ein umfassendes und systematisch geordnetes Gesetz bezeichnen wir als Kodifikation. Eine Kodifizierung des europäischen Privatrechts ist seit 1989[20] mehrfach vom Europäischen Parlament gefordert worden. Der Rat der Europäischen Union hat dies Thema im Oktober 1999 in Tampere aufgenommen und eine „allgemeine Studie über die Frage, ob zur Beseitigung von

---

[18] Ausführliche Diskussion bei *Wolfgang Wurmnest*, Grundzüge eines europäischen Haftungsrechts: Eine rechtsvergleichende Untersuchung des Gemeinschaftsrechts (2003), 13 ff.

[19] EuGH, Urt. v. 17. 3. 1998, Rs. C-45/96 (Bayerische Hypotheken- und Wechselbank AG ./. Edgard Dietzinger) Slg. 1998, I-1199; Urt. v. 13.12. 2001, Rs. C-481/99 (Heininger ./. Bayerische Hypo- und Vereinsbank AG) Slg. 2001, I-9945; Urt. v. 12. 3. 2002, Rs. C-168/00 (Simone Leitner ./. TUI Deutschland GmbH & Co. KG) Slg. 2002, I-2631.

[20] Hierzu *Winfried Tilmann*, Entschließung des Europäischen Parlaments über die Angleichung des Privatrechts der Mitgliedstaaten vom 26.05.1989, ZEuP 1 (1993), 613 ff.

Hindernissen für das reibungslose Funktionieren von zivilrechtlichen Verfahren die zivilrechtlichen Vorschriften der Mitgliedstaaten angeglichen werden müssen", für erforderlich erachtet. Das Vertragsrecht ist in diesem Zusammenhang natürlich von zentraler Bedeutung. Die Kommission der Europäischen Union hat deshalb einen Aktionsplan für ein kohärenteres Europäisches Vertragsrecht vorgelegt,[21] der, unter anderem, die Ausarbeitung eines „Gemeinsamen Referenzrahmens" vorsieht. Dieser Referenzrahmen soll dann die Grundlage für weitere Überlegungen zu einem „optionalen Rechtsinstrument" auf dem Gebiet des Europäischen Vertragsrechts bieten. Damit verfolgt die Kommission im Wesentlichen die zweite der in ihrer Mitteilung vom Juli 2001[22] zur Diskussion gestellten Optionen, die auch in den bei der Kommission eingegangenen Reaktionen breite Unterstützung gefunden hatte: die Ausarbeitung nicht verbindlicher gemeinsamer Grundsätze des Vertragsrechts, auf die die Vertragsparteien bei der Abfassung von Verträgen, nationale Gerichte und Schiedsgerichte in ihren Entscheidungen und nationale Gesetzgeber bei der Ausarbeitung von Gesetzentwürfen zurückgreifen können und die damit zu einer Annäherung der nationalen Rechtsordnungen untereinander führen sollten.[23] Die von der sogenannten Lando-Kommission vorgelegten Grundregeln des Europäischen Vertragsrechts entsprechen dieser Beschreibung. Sie stehen als Modell für ein optionales Instrument zur Verfügung und bilden im übrigen die Grundlage für die Arbeit der *Study Group on a European Civil Code*.

III. Europäische Rechtswissenschaft

Die Lando-Kommission und die Study Group beruhen auf privaten Initiativen; sie haben keinen offiziellen Status und keine Form politischer Legitimation. Es handelt sich um internationale akademische Kooperationen und damit um Manifestationen einer Europäisierung der Rechtswissenschaft.[24] Doch bilden sie keineswegs die einzigen derartigen Manifestationen. Konrad Zweigert hatte schon 1963 über Grundsatzfragen europäischer Rechtsangleichung nachgedacht und dem EuGH die Heraus-

---

[21] KOM (2003) 68 endg., Amtsblatt C 63/1 vom 15. 3. 2003.
[22] KOM (2001) 398 endg., Amtsblatt C 255/1 vom 13. 9. 2001.
[23] Vertiefte Diskussion bei *Christian von Bar*, Ein gemeinsamer Referenzrahmen für das marktrelevante Privatrecht in der Europäischen Union, in: Festschrift für Erik Jayme (Bd. II, 2004), 1217 ff.
[24] Siehe unten, IV.8 und 11.

bildung von allgemeinen Rechtsgrundsätzen auf der Grundlage wertender Vergleichung der Rechtsordnungen der EG-Mitgliedstaaten empfohlen.[25] Hein Kötz hatte dann, in seinem Beitrag zur Festschrift für Zweigert, die verschiedenen Wege skizziert, wie die Wissenschaft der Rechtsvergleichung zur Herausbildung eines gemeineuropäischen Privatrechts beitragen könne.[26] Und im Jahre 1990 forderte Helmut Coing pointiert eine Europäisierung der Rechtswissenschaft als Voraussetzung für ein Europäisches Privatrecht.[27] In diesem Zusammenhang verwies er unter anderem auf das römisch-kanonische *ius commune*, das Ausdruck einer genuin europäischen Wissenschaft gewesen sei und das eine europäische Rechtskultur begründet habe, deren moderne Konkretisierungen die nationalen Kodifikationen seien. Das mittelalterliche und frühmoderne *ius commune* biete deshalb nicht lediglich ein historisches Beispiel europäischer Einheit auf der Ebene der Rechtswissenschaft, sondern könne auch heute noch als Ausgangspunkt für eine Überwindung der nationalen Zersplitterung des Privatrechts und der Privatrechtswissenschaft dienen. Helmut Coings *opus magnum* über das historische *ius commune* trug nicht von ungefähr den Titel „Europäisches Privatrecht".[28] Andere beriefen sich in ganz ähnlichem Sinne auf eine abendländische Rechtstradition (*Western*, oder *civilian*, *legal tradition*), die einem ständigen Wandlungs- und Adaptationsprozeß unterworfen gewesen sei, sich dabei aber gleichwohl gedanklich immer auf dieselben Quellen, Regeln und Begriffe bezogen habe.[29] Bereits zuvor hatte Paul Koschaker in einem aufrüttelnden Buch das römische Recht als wesentliche Grundlage der europäischen Rechtskultur identifiziert.[30] Das war der intellektuelle Boden für das erste Lehrbuch des europäischen Vertragsrechts: eines Werkes, das es unternahm, befreit von den Besonderheiten bestimmter nationaler Rechtsordnungen oder -dogmatiken, die nationalen Rechtsregeln lediglich als lokale Variationen eines einheitlichen, europäischen Themas

---

[25] *Konrad Zweigert*, Grundsatzfragen der europäischen Rechtsangleichung, ihrer Schöpfung und Sicherung, in: Vom deutschen zum europäischen Recht: Festschrift für Hans Dölle (Bd. II, 1963), 401 ff.

[26] *Hein Kötz*, Gemeineuropäisches Zivilrecht, in: Festschrift für Konrad Zweigert (1981), 481 ff.

[27] *Helmut Coing*, Europäisierung der Rechtswissenschaft, NJW 1990, 937 ff.

[28] *Helmut Coing*, Europäisches Privatrecht (Bd. I, 1985; Bd. II, 1989).

[29] *Harold J. Berman*, Law and Revolution: The Formation of the Western Legal Tradition (1983); *Reinhard Zimmermann*, The Law of Obligations: Roman Foundations of the Civilian Tradition (1990).

[30] *Paul Koschaker*, Europa und das römische Recht (1. Aufl., 1947; 4. Aufl., 1966).

zu begreifen.[31] Inzwischen sind eine reiche akademische Literatur und eine Vielzahl akademischer Projekte entstanden, die erheblich zu einer Europäisierung der Rechtswissenschaft beigetragen haben. Welche Rolle spielt in diesem Zusammenhang die Rechtsvergleichung?

IV. Der Beitrag der Rechtsvergleichung

1. Juristenausbildung

Es ist heute fast schon ein Gemeinplatz, daß die Europäisierung des Privatrechts entscheidend abhängt von einer Europäisierung der Juristenausbildung in den Universitäten quer durch Europa.[32] Denn wenn Studenten auch weiterhin in den Feinheiten ihrer nationalen Rechtsordnungen unterrichtet werden, ohne dabei zu lernen, inwieweit diese möglicherweise nur Ergebnis historischen Zufalls oder Mißverständnisses sind, und ohne darauf hingewiesen zu werden, wie sich ein bestimmtes Problem auch anders lösen läßt, dann droht die nationale Partikularisierung einer Rechtswissenschaft, die das Abrakadabra von *conditions*, *warranties* und *intermediate terms* oder des nicht-so-Berechtigten und nicht-mehr-Berechtigten im Eigentümer-Besitzer-Verhältnis als selbstverständlich ansieht, auch die nächste Generation von Juristen zu prägen. Eine Europäisierung der Juristenausbildung erfordert deshalb die Stärkung von Fächern, die sich nicht nur durch ihren Grundlagencharakter, sondern auch durch ihre inhärente Internationalität auszeichnen: Römisches Recht, die Geschichte des Privat- und Verfassungsrechts in Europa, Rechtsvergleichung, Rechtstheorie und Rechtsphilosophie. Bedauerlicherweise werden diese gemeinsamen Curricularbestandteile gegenwärtig in den Ausbildungsordnungen so gut wie aller Länder Europas eher reduziert als gestärkt.[33] Eine sehr viel postivere Entwicklung ist die Einführung des Erasmus/Socrates Programms durch die EU-Kommission, durch das die

---

[31] *Hein Kötz*, Europäisches Vertragsrecht (Bd. I, 1996, englische Übersetzung unter dem Titel European Contract Law von Tony Weir, Bd. I, 1997).

[32] *Hein Kötz*, Europäische Juristenausbildung, ZEuP 1 (1993), 268 ff.; Michael Faure, Jan Smits und Hildegard Schneider (Hrsg.), Towards a European Ius Commune in Legal Education and Research (2002).

[33] Vgl. etwa für den Niedergang des römischen Rechts in Großbritannien *Peter Birks*, Roman Law in Twentieth-century Britain, in: Jack Beatson und Reinhard Zimmermann (Hrsg.), Jurists Uprooted (2004), 249 ff.

europaweite Mobilität von Studenten ganz erheblich gesteigert worden ist. Tausende von Jurastudenten verbringen in jedem Jahr mindestens ein Semester an einer Universität eines anderen Mitgliedstaats;[34] und auch wenn dieser Zeitraum vielfach kein voll integrierter Teil des obligatorischen Studienprogramms ist, fördert er doch die kritische Distanz gegenüber dem jeweiligen Heimatrechtssystem, derer es sowohl für ein Interesse an der Rechtsvergleichung als auch für ein vertieftes Verständnis des eigenen Rechts bedarf. Im Idealfall sollte der rechtsvergleichende Ansatz natürlich ein integrierter Bestandteil des „normalen" Privatrechtsunterrichts an den juristischen Fakultäten in Europa sein. Alternativ könnten Kurse im europäischen Privatrecht zum Pflichtprogramm gehören.

2. Unterrichtsmaterialien

Für derartige Kurse bedarf es geeigneter Unterrichtsmaterialien, die die wichtigsten Texte und Quellen leicht zugänglich machen. Hier sind eine Reihe von „Casebooks on the Common Law of Europe" zu nennen, die der ehemalige Generalanwalt beim EuGH Walter von Gerven initiiert hat. Sie befassen sich mit den Bereichen Vertrag, unerlaubte Handlungen und ungerechtfertigte Bereicherung,[35] und sie sind dazu bestimmt, die heranwachsenden Juristen mit den wichtigsten nationalen Rechtsordnungen vertraut zu machen. Gleichzeitig soll in ihnen aber auch deutlich werden, wieweit den europäischen Rechtsordnungen, trotz aller Unterschiede in Terminologie, Begrifflichkeit und Rechtsstil, gemeinsame Regeln und Prinzipien zugrunde liegen. Die *Casebooks* enthalten die einschlägigen Bestimmungen der nationalen Kodifikationen, wichtige Entscheidungen der nationalen Gerichte, Auszüge von Lehrbüchern, Kommentaren und anderen Arten nationaler Rechtsliteratur, einführende Texte und Erläuterungen. Berücksichtigt werden auch genuin europäische Rechtsquellen, etwa die Grundregeln des Europäischen Vertragsrechts und Entscheidungen

---

[34] Die Mobilität deutscher Studenten stieg von 657 Studenten im Studienjahr 1987/1988 auf 18.482 im Studienjahr 2002/2003. Von diesen 18.482 Studenten mit mindestens einem Semester im Ausland waren 1.341 angehende Juristen. Die Zahlen beruhen auf vom Deutschen Akademischen Auslandsdienst (DAAD) freundlicherweise zur Verfügung gestellten Informationen.

[35] Hugh Beale, Arthur Hartkamp, Hein Kötz und Denis Tallon (Hrsg.), Cases, Materials and Text on Contract Law (2002); *Walter van Gerven, Jeremy Lever,* und *Pierre Larouche*, Cases, Materials and Text on National, Supranational and International Tort Law (2000); Jack Beatson und Eltjo Schrage (Hrsg.), Cases, Materials and Texts on Unjustified Enrichment (2003).

des EuGH. Die *Casebooks* sind somit vergleichend in dem Sinne, daß sie Materialien aus einer Reihe von EU-Mitgliedstaaten verfügbar machen, um so eine gemeinsame Verständnisgrundlage für das Privatrecht in Europa zu schaffen. Eine kritisch-vergleichende Bewertung der präsentierten Materialien bieten die Autoren der *Casebooks* in der Regel nicht. Sie zielen auch nicht auf eine Rechtsharmonisierung. Vielmehr geht es ihnen darum, die bestehende Rechtslage so akkurat wie möglich abzubilden.

Ganz ähnlich ist in dieser Hinsicht die Herangehensweise von Filippo Ranieri in seinem „Handbuch mit Texten und Materialien" zum Europäischen Obligationenrecht.[36] Ein Vergleich zwischen den van Gerven-*Casebooks* und dem Handbuch von Ranieri offenbart freilich auch eine Reihe von Unterschieden. Drei dieser Unterschiede sind im allgemeinen Zusammenhang der Entwicklung eines europäischen Privatrechts von Interesse. Während van Gerven und sein Team sich im Wesentlichen auf die Rechtsordnungen von England, Frankreich und Deutschland als Exponenten der drei größten europäischen „Rechtskreise" konzentrieren (das *Casebook* zum Bereicherungsrecht bezieht freilich auch das niederländische Recht sowie die beiden Mischrechtsordnungen Schottland und Südafrika mit ein), berücksichtigt Ranieri Materialien aus allen europäischen Rechtsordnungen, einschließlich Polen, Portugal und der Schweiz. Das damit angedeutete Spannungsverhältnis zwischen Vollständigkeit und Praktikabilität ist ein in der Literatur zum Europäischen Privatrecht immer wiederkehrendes Thema. Zum zweiten sind alle in den van Gerven-*Casebooks* abgedruckten Materialien ins Englische übersetzt worden. Ranieri präsentiert sie demgegenüber in der Originalsprache (fügt freilich bei Sprachen, die in Deutschland nicht sehr geläufig sind, Übersetzungen ins Deutsche hinzu). Zweifellos erleichtert eine originalsprachliche Lektüre der einschlägigen Rechtstexte eine Wahrnehmung der je besonderen Stile der verschiedenen Rechtsordnungen in Europa, vielleicht ermöglicht sie sie erst. Doch läßt sich auch in dieser Hinsicht nicht immer leicht bestimmen, was realistischerweise von Juristen und Jurastudenten in Europa erwartet werden kann. Übersetzungen in eine leicht zugängliche Sprache (oder gar in die Muttersprache des Lesers) können den Prozeß des Vertrautwerdens junger Juristen mit anderen Rechtsordnungen wirksamer fördern als ein Insistieren auf der Lektüre von Rechtsquellen in nur schlecht beherrschten Fremdsprachen. Die Gefahren von Verzerrung und Mißverständnis bestehen übrigens in beiden Fällen in ähnlichem Maße. Das führt zu dem dritten wichtigen Unterschied. Er betrifft die empfindliche Frage, in welcher Sprache (oder in welchen Sprachen) sich das europäische

---

[36] *Filippo Ranieri*, Europäisches Obligationenrecht (2. Aufl., 2003).

Privatrecht präsentiert. Haben alle in Europa gesprochenen Sprachen insoweit denselben Status oder genießt das Englische (oder genießen das Englische und Französische) einen Vorrang? Nicht von ungefähr sind die van Gerven-*Casebooks* in Europa sehr viel bekannter. Der Gebrauch des Buches von Ranieri ist demgegenüber im Wesentlichen auf Deutschland, Österreich und die Schweiz beschränkt. Der Aufstieg des Englischen als bevorzugten Mediums der internationalen Kommunikation berührt das Recht ebenso wie die meisten anderen akademischen Disziplinen; und das hat viele moderne Rechtsvergleicher, die zu den Diskussionen um das europäische Privatrecht beizutragen wünschen, dazu geführt, sich dieser Sprache zu bedienen. Die Alternative, die darin liegt, wichtige Arbeiten in mehreren Sprachen verfügbar zu machen, ist praktisch kaum durchführbar. Was sich gelegentlich erreichen läßt, ist die Übersetzung ins Englische eines ursprünglich in anderer Sprache geschriebenen Werkes – was aber wiederum den praktischen Vorrang des Englischen verstärkt.

3. Überwindung der nationalen Grenzen: Das Vertragsrecht

Ein ursprünglich auf Deutsch verfaßtes Werk, das bald darauf ins Englische übersetzt wurde, ist das „Europäische Vertragsrecht" von Hein Kötz.[37] Wie die Materialsammlungen von van Gerven und das Handbuch von Ranieri ist es in erster Linie für Studenten bestimmt. Doch geht es insoweit einen entscheidenden Schritt weiter, als es nicht nur das Recht präsentiert, wie es in den verschiedenen Teilen Europas gilt. Vielmehr bietet es eine weitgehend integrierte Darstellung des europäischen Privatrechts von einem Standpunkt jenseits der nationalen Rechtsordnungen. Das von Kötz beschriebene europäische Privatrecht ist daher nirgendwo in Kraft, und es wird von keinem Gericht in Europa als solches angewandt: Es hat eine gleichsam virtuelle Existenz. Doch schafft das Buch einen intellektuellen Rahmen für die Diskussion, Fortentwicklung und für den Unterricht des Vertragsrechts in Europa. Indem es das europäische Vertragsrecht als Gegenstand einer einheitlichen Darstellung begreift und damit als ein System von Regeln, die in den nationalen Rechtsordnungen entweder ihre Bestätigung finden oder modifiziert werden, hat Kötz einen neuen Typ juristischer Literatur geschaffen. Das war möglich einerseits, weil das Material, aus dem das „Europäische Vertragsrecht" besteht, in der Einführung in die Rechtsvergleichung von Zweigert und Kötz in leicht zugänglicher

---

[37] *Kötz* (Fn. 31). Der von Axel Flessner übernommene Bd. II ist noch nicht erschienen.

Form bereits vorlag:[38] eines Werkes, das auf dem Funktionalitätsprinzip beruht und heute weithin als Inbegriff methodischer Orthodoxie in der Rechtsvergleichung betrachtet wird. Mit etwas Überspitzung ließe sich sagen, daß das Lehrbuch zum Europäischen Vertragsrecht lediglich das in dem Lehrbuch der Rechtsvergleichung gesammelte Material unter anderen Vorzeichen präsentiert. Deutlich wird damit nicht nur die Eurozentrizität des traditionellen Diskurses in der Rechtsvergleichung, sondern auch das der funktionalen Methode innewohnende Potential für die Herausbildung eines europäischen Vertragsrechts.

Wichtiger aber ist Folgendes. Wenn Kötz in seinem neueren Werk nur weiterentwickelt hat, was in dem älteren bereits angelegt war, so wurde seine Aufgabe erleichtert, oder sogar ermöglicht, durch die grundlegende Einheitlichkeit des europäischen Vertragsrechts, die auf einer langen, und weithin gemeinsamen, Tradition beruht. Mit gutem Grund beginnen deshalb auch die meisten Kapitel des Europäischen Vertragsrechts mit einem Überblick über die historische Entwicklung des zu behandelnden Rechtsproblems. Damit wird dem Leser deutlich, daß die in den modernen Kodifikationen niedergelegten, oder von den modernen Gerichten entwickelten, Lösungen von denselben historischen Erfahrungen geprägt sind. Es handelt sich, sozusagen, um Früchte von demselben Baum. Das moderne Vertragsrecht in Europa beruht auf denselben philosophischen Grundlagen,[39] und der hypothetische Wille vernünftiger Vertragsparteien war gewöhnlich der Ausgangspunkt für die Entwicklung seiner Doktrinen.[40] Der Vorrat grundlegender Begriffe und Wertungen ist durch Entwicklungen im Zeitalter des juristischen Nationalismus nicht nachhaltig in Frage gestellt worden, und damit ist es immer noch möglich, gemeinsame Probleme zu identifizieren und auf einer gemeinsamen Verständnisgrundlage nach Lösungen zu suchen. Bezeichnenderweise formuliert Kötz denn auch solche gemeinsamen Probleme, bevor er auf die Rechtsdoktrin zu sprechen kommt. Eine Vereinbarung kann nicht als vertraglich anerkannt werden, wenn sie nicht hinreichend bestimmt ist. Doch wann ist sie hinreichend bestimmt? Alle Rechtsordnungen akzeptieren den Grundsatz des *pacta sunt*

---

[38] *Konrad Zweigert* und *Hein Kötz*, Einführung in die Rechtsvergleichung auf dem Gebiete des Privatrechts (1. Aufl. in zwei Bänden, 1971; 3. Aufl. in einem Bd., 1996; englische Übersetzung von Tony Weir unter dem Titel An Introduction to Comparative Law, 3. Aufl., 1998).

[39] *James Gordley*, The Philosophical Origins of Modern Contract Doctrine (1991).

[40] Zur Technik der Vertragsergänzung durch Hineinlesen „stillschweigend" vereinbarter Vertragsabreden siehe *Reinhard Zimmermann*, „Heard melodies are sweet, but those unheard are sweeter …": Conditio tacita, implied condition und die Fortbildung des europäischen Vertragsrechts, AcP 193 (1993), 121 ff.

servanda, sind sich aber darin einig, daß nicht jede formlose Vereinbarung als bindend anerkannt werden kann. Doch was ist das am besten geeignete Seriositätsindiz, um durchsetzbare von nicht durchsetzbaren Abreden zu unterscheiden? Worte werden nicht immer so verstanden, wie sie gemeint sind. Welche Perspektive bestimmt die Interpretation eines Vertrages: die des Versprechenden oder des Versprechensempfängers? Die Vertragsrechte in Europa beruhen auf dem Grundsatz der Vertragsfreiheit: Die Parteien sind prinzipiell frei, den Inhalt ihres Vertrages zu bestimmen. Nirgendwo kann der Richter einen Vertrag nur deshalb für unwirksam erklären, weil er ihn für unbillig hält. Doch kann sich aus bestimmten Umständen ergeben, daß der Vertrag nicht als Ausdruck der Selbstbestimmung *beider* Parteien anerkannt werden kann. Um welche Umstände handelt es sich dabei, und wie lassen sie sich am besten formulieren? Diese Vorgehensweise ermöglicht es Kötz, die Aufgabe kritischer Evaluation dort in Angriff zu nehmen, wo er Divergenz im Detail findet. Es ist damit letztlich die rechtsvergleichende Methode,[41] mithilfe derer Kötz europäisches Recht nicht nur entdecken, sondern auch schaffen kann.

4. Gemeinsame begriffliche Grundlagen?: *Unerlaubte Handlungen und ungerechtfertigte Bereicherung*

Hin und wieder fällt Kötz' Darstellung in das traditionelle Muster von Länderberichten zurück, bevor sie dann wieder auf ein genuin europäisches Gleis geleitet wird. Und in der Tat betont Kötz selbst, daß sein Buch nur einen ersten Versuch darstellt, das europäische Vertragsrecht als einheitlichen Gegenstand der Darstellung zu begreifen. Gleichwohl ist ein vergleichbarer Grad an Integration bislang in keinem anderen Rechtsgebiet erreicht worden, nicht einmal den beiden am nächsten benachbarten: dem Deliktsrecht und dem Bereicherungsrecht. Für beide sind Abhandlungen erschienen, die auf ihre Art einen ähnlichen Pioniercharakter haben wie Kötz' „Europäisches Vertragsrecht". Wie das Buch von Kötz sind auch sie Produkte der klassischen Tradition rechtsvergleichender Forschung, die in Deutschland auf Ernst Rabel zurückgeht. Gleichwohl können diese Abhandlungen nicht den Anspruch erheben, eine grundlegende Einheitlichkeit nur wiederzuentdecken, deren Ausprägungen die modernen, nationalen Rechtsordnungen sind. Das wird sofort deutlich an Peter Schlechtriems Werk, das denn auch bezeichnenderweise „Restitution und Bereicherungs-

---

[41] Grundlegend insoweit *Zweigert/Kötz* (Fn. 38), 31 ff. (32 ff. der englischen Ausgabe).

ausgleich in Europa" (und nicht: „Europäisches Bereicherungsrecht") heißt und das den Untertitel trägt: „Eine rechtsvergleichende Darstellung".[42] Die Diskussion der in diesem Bereich auftauchenden Probleme erfolgt im Wesentlichen im Wege von Länderberichten (die anhand der bekannten „Rechtskreise" strukturiert sind). Doch es gilt auch für Christian von Bars ambitioniertes „Gemeineuropäisches Deliktsrecht".[43] In dessen erstem Band finden sich Abschnitte über das Deliktsrecht der Kodifikationen, die skandinavischen Deliktsrechte und das *Common Law of Torts*, oder über die Vereinheitlichung und Angleichung von Deliktsrecht in der Europäischen Union, und das heißt: über einzelne Bestandteile eines genuin europäischen Deliktsrechts. Der zweite Band ist demgegenüber nicht nach Rechtsordnungen, oder Gruppen von Rechtsordnungen, strukturiert, sondern nach Voraussetzungen oder typischen Formen der Haftung für unerlaubte Handlungen. Ein näherer Blick zeigt aber, daß so gut wie jede wichtige inhaltliche oder begriffliche Entscheidung heftig umstritten ist, nicht selten sogar innerhalb ein und desselben Rechtskreises oder sogar derselben Rechtsordnung. Die Begriffe der Rechtswidrigkeit und der Schuld bieten hervorragende Beispiele, ferner etwa die Frage der Ersatzfähigkeit reiner Vermögensschäden, Geldersatz bei Nichtvermögensschäden oder die Abgrenzung von Verschulden und Gefährdungshaftung. von Bar muß deshalb stets entweder eine Wahl unter den in Europa vertretenen Ansätzen treffen oder aber neue Lösungen und Begriffe konstruieren. Damit löst er zwar sein Versprechen ein, nicht lediglich ein nationales Recht in seinen rechtsvergleichenden Bezügen darzustellen. Auch widersteht er der Versuchung, ein europäisches Recht nach einem nationalen Vorbild zu entwickeln. Gleichwohl ist sein System des Gemeineuropäischen Deliktsrechts entschieden weniger europäisch (in dem Sinne, daß es eine grundlegende Einheitlichkeit des Rechtsstoffes nur widerspiegeln würde) als das europäische Vertragsrecht, das wir bei Kötz finden.

Das liegt nun natürlich nicht an dem Verfasser, sondern es ergibt sich aus dem Stand der Disziplin selbst. Zwar beruht das kontinentaleuropäische Deliktsrecht auf denselben historischen Grundlagen (im 17. und 18. Jahrhundert konstituierte es einen *usus modernus* der aquilischen Haftung, der unter dem Einfluß der Naturrechtstheorie neu konzeptualisiert wurde),[44]

---

[42] *Peter Schlechtriem*, Restitution und Bereicherungsausgleich in Europa: Eine rechtsvergleichende Darstellung (Bd. I, 2000; Bd. II, 2001).

[43] *Christian von Bar*, Gemeineuropäisches Deliktsrecht (Bd. I, 1996; Bd. II, 1999; englische Übersetzung unter dem Titel The Common European Law of Torts, Bd. I, 1998; Bd. II, 2000).

[44] *Zimmermann* (Fn. 29), 1017 ff.; *Nils Jansen*, Die Struktur des Haftungsrechts (2003), 271 ff.

und die in der kontinentaleuropäischen Tradition herrschenden Vorstellungen haben auch die Entwicklung des englischen Rechts nachhaltig geprägt.[45] Doch war die modernisierte Version des römischen Rechts im 18. und 19. Jahrhundert nicht mehr wirklich modern. Strukturell war das Haftungsrecht nach wie vor im Wesentlichen auf die Sanktionierung von Unrecht ausgerichtet statt auf eine vernünftige Schadensallokation.[46] Dies war ein Problem, dem die europäischen Rechtsordnungen sich erst im 19. Jahrhundert stellten, und das heißt zu einer Zeit, als die erste Kodifikationswelle bereits zur nationalen Isolierung des Rechtsdiskurses beigetragen hatte. Insbesondere war nunmehr jede Rechtsordnung mit der Aufgabe konfrontiert, ihren eigenen Weg zur Berücksichtigung des Phänomens der Gefährdungshaftung zu finden. Damit wurde die europäische Rechtslandschaft in diesem Bereich sehr viel zersplitterter als in dem des Vertragsrechts. Die Entwicklung war ähnlich nur insoweit, als man überall versuchte, die Struktur des Haftungsrechts zu ergänzen statt sie von Grund auf in Frage zu stellen. Das hat zu einer Situation geführt, die von einem Fehlen grundlegender Begriffe charakterisiert ist, die den verschiedenen nationalen Rechtsordnungen gemeinsam und gleichzeitig teleologisch befriedigend sind.[47] Es ist denn auch sehr bezeichnend, daß die Verfasser des ersten Versuchs einer Herausarbeitung von Grundregeln des Europäischen Deliktsrechts[48] dem Problem der Rechtswidrigkeit im Wesentlichen ausgewichen sind und daß sie eine Einigung im Hinblick auf das ebenso schwierige Problem der Gefährdungshaftung letztlich nicht erzielt haben (vgl. Art. 5:102 Principles of European Tort Law).

Auch das Bereicherungsrecht folgt überall Regeln, die auf einem gemeinsamen Vorrat an Begriffen und Ideen beruhen. Zu diesem Vorrat gehören vor allem die verschiedenen Typen der Kondiktionen des römischen Rechts (die ursprünglich aber keine Bereicherungsklagen im modernen Sinne des Wortes waren), Pomponius' berühmtes Prinzip natürlicher Gerechtigkeit, wonach niemand sich auf Kosten eines anderen bereichern darf, und die spätscholastische Restitutionslehre (die sich um eine Konzeptualisierung von Fällen rechtswidrigen Eingriffs in fremdes Eigentum und ungerechtfertigter Vorenthaltung desselben unter den

---

[45] *David Ibbetson*, Harmonisation of the Law of Tort and Delict: A Comparative and Historical Perspective, in: Reinhard Zimmermann (Hrsg.), Grundstrukturen des Europäischen Deliktsrechts (2003), 133 ff.

[46] Dies belegt und begründet *Jansen* (Fn. 44), 181 ff. Jansens eigenes Konzept (389 ff.) basiert auf dieser Analyse.

[47] *Nils Jansen*, Binnenmarkt, Privatrecht und europäische Identität (2004), 33 ff.

[48] Unten Fn. 91.

Vorzeichen der *iustitia commutativa* bemühte).[49] Doch die Konfiguration dieser Elemente in den modernen Rechtsordnungen variiert erheblich, und so sind eine Reihe grundlegender Fragen bis heute international umstritten geblieben, darunter etwa die beiden folgenden: Haftet der Bereicherte auf die einmal empfangene oder auf die noch vorhandene Bereicherung? Und erfordert ein Anspruch aus ungerechtfertigter Bereicherung nicht nur auf Seiten des Bereicherungsbeklagten eine Bereicherung, sondern auch einen korrespondierenden Vermögensverlust auf Seiten des Klägers? Damit besteht auch etwa keine Einigkeit darüber, ob das Bereicherungsrecht letztlich dem Vermögens- oder Rechtsgüterschutz dient oder ob es lediglich um die Abschöpfung einer Vermögensvermehrung beim Bereicherten geht, die als ungerechtfertigt zu betrachten ist.[50]

In beiden Bereichen hat die Suche nach gemeineuropäischen Strukturen erst begonnen. Methodisch scheinen der Idee eines beweglichen Systems und der Prinzipientheorie besondere Bedeutung zuzukommen.[51] Was das materielle Recht selbst betrifft, so läßt sich unschwer feststellen, welche Doktrinen sich für eine Verallgemeinerung auf europäischer Ebene nicht eigenen: dazu gehören die zwischen mittelbaren und unmittelbaren Verletzungshandlungen differenzierende Rechtswidrigkeitslehre des deutschen Deliktsrechts, der an einer Vielzahl von *unjust*-Gründen orientierte Ansatz des englischen Bereicherungsrechts, oder die Vorstellung einer Zweispurigkeit des außervertraglichen Haftungsrechts, die sich in vielen modernen Rechtsordnungen findet. Eine positive Einschätzung muß sehr viel vorsichtiger ausfallen. Doch wenn man in Betracht zieht, wie sich die nationalen Rechtsordnungen in Europa im 20. Jahrhundert tatsächlich entwickelt haben, so erscheint etwa im Deliktsrecht eine Differenzierung zwischen Rechtsgutsverletzungen und reinen Vermögensschäden als angemessen;[52] freilich handelt es sich hier bis heute um eine der am intensivsten debattierten Fragen in diesem Bereich.[53] Was das Bereicherungsrecht betrifft, so sprechen gute Gründe für die

---

[49] *Reinhard Zimmermann*, Bereicherungsrecht in Europa: Eine Einführung, in: *idem* (Hrsg.), Grundstrukturen eines Europäischen Bereicherungsrechts (2005), 22 ff.; *Nils Jansen*, Die Korrektur grundloser Vermögensverschiebungen als Restitution? Zur Lehre von der ungerechtfertigten Bereicherung bei Savigny, ZRG (RA) 120 (2003), 106 ff.

[50] *Jansen* (n. 47), 40 ff.

[51] *Axel Flessner*, Juristische Methode und europäisches Privatrecht, JZ 2002, 14 ff.

[52] *Gerhard Wagner*, Grundstrukturen des Europäischen Deliktsrechts, in: Zimmermann (Fn. 45), 229 ff.

[53] Vgl., neben *Wagner* (ibid.) und *Jansen* (Fn. 44), 524 ff., Mauro Bussani und Vernon Valentine Palmer (Hrsg.), Pure Economic Loss in Europe (2003); *Willem H. van Boom, Helmut Koziol* und *Christian A. Witting*, Pure Economic Loss (2004).

Anerkennung eines einheitlichen Rückabwicklungsregimes für fehlgeschlagene Verträge, bei dem es also nicht darauf ankommt, ob der Vertrag nichtig ist, ob er angefochten worden ist oder ob er infolge Rücktritts oder Widerrufs rückabgewickelt werden muß.[54] Im übrigen beobachten wir die zunehmende Etablierung einer Unterscheidung zwischen Fällen der Leistungskondiktion (in einem weiten, untechnischen Sinne) und der Bereicherung aufgrund eines Fehlverhaltens oder Eingriffs.[55] Und die Renaissance der *condictio indebiti* im englischen Recht[56] markiert das Ende eines besonders hinderlichen Strukturunterschieds (oder besser: der Vorstellung von einem solchen Strukturunterschied) zwischen englischem *common law* und kontinentaleuropäischem *civil law*. Insbesondere diese zuletzt genannte Entwicklung stellt einen Triumph rechtsvergleichender (und rechtshistorischer) Forschung dar.[57]

Übrigens hat die weitverbreitete Neigung, Vertrags-, Delikts- und Bereicherungsrecht jeweils isoliert zu betrachten, zur Vernachlässigung einer Reihe wichtiger Themenkomplexe geführt, die alle drei Bereiche gleichermaßen erfassen, etwa Aufrechnung, Verjährung und Gläubiger- sowie Schuldnermehrheiten.[58] Dasselbe gilt für die Geschäftsführung ohne Auftrag.[59]

---

[54] Dazu näher *Phillip Hellwege*, Die Rückabwicklung gegenseitiger Verträge als einheitliches Problem (2004); *Reinhard Zimmermann*, Restitutio in integrum, in: Privatrecht und Methode: Festschrift für Ernst A. Kramer (2004), 735 ff.

[55] Vgl. *Christiane Wendehorst*, Die Leistungskondiktion und ihre Binnenstruktur in rechtsvergleichender Perspektive und *Thomas Krebs*, Eingriffskondiktion und Restitution for Wrongs im englischen Recht, beide in: Zimmermann (Fn. 45), 47 ff., 141 ff.

[56] *Sonja Meier*, Irrtum und Zweckverfehlung (1999); *Peter Birks*, Unjust Enrichment (2. Aufl., 2005), 101 ff.

[57] Zu einem weiteren besonders umstrittenen Problem, der Gewinnabschöpfung, vgl. die rechtsvergleichenden Studien von *Ulrich Amelung*, Der Schutz der Privatheit im Zivilrecht (2002) und *Konrad Rusch*, Gewinnhaftung bei Verletzung von Treuepflichten (2003).

[58] Vgl. jetzt Teil III der Grundregeln des Europäischen Vertragsrechts; unten Fn. 77. Eine umfassende historisch-vergleichende Monographie ist neuerdings vorgelegt worden von *Pascal Pichonnaz*, La compensation (2001). Zur Aufrechnung und Verjährung vgl. *Reinhard Zimmermann*, Comparative Foundations of a European Law of Set-Off and Prescription (2002); zu Gläubiger- und Schuldnermehrheiten vgl. die eingehende historisch-vergleichende Analyse bei *Sonja Meier*, §§ 420-432 I: Mehrheit von Schuldnern sowie §§ 420-432 II: Mehrheit von Gläubigern, in: Reinhard Zimmermann, Joachim Rückert und Mathias Schmoeckel (Hrsg.). Historisch-kritischer Kommentar zum BGB (Bd. II, in Vorbereitung für 2006).

[59] Dazu nunmehr *Jeroen Kortmann*, Altruism in Private Law (2005), 79 ff.

5. Das Entstehen von Netzwerken: Die neuen Zeitschriften

Umfassende Handbücher, die darauf abzielen, das einschlägige Material von möglichst vielen europäischen Rechtsordnungen zu sammeln und zu analysieren, können heute kaum mehr von einem einzelnen Autor in der Einsamkeit seiner Studierstube geschrieben werden. Das wird etwa an den Werken von Bars und Schlechtriems deutlich, deren Entstehen auf der Mitwirkung eines großen Stabes von Mitarbeitern beruhte. Auch die van Gerven-*Casebooks* sind Früchte grenzüberschreitenden Zusammenwirkens mehrerer Autoren. Internationale Zusammenarbeit ist nachgerade zu einem Charakteristikum des Prozesses der Europäisierung des Privatrechts geworden. Internationale Initiativen, Arbeitsgruppen und Netzwerke sind in den vergangenen fünfzehn Jahren wie Pilze aus dem Boden geschossen. Allein aufgrund ihrer Zusammensetzung ist die von derartigen Initiativen getragene Arbeit rechtsvergleichend. Jedes Mitglied ist von gewissen nationalen Vorverständnissen geprägt, und ein wichtiger Aspekt der Kooperation besteht darin, eine gemeinsame Grundlage für gegenseitiges Verstehen und rationale Diskussion zu finden. Hier liegt, nach meiner Erfahrung, ein besonderer Gewinn dieser Form von Zusammenarbeit: sie führt zu einer erheblichen Horizonterweiterung, ja zu einem Wandel des geistigen Bezugsrahmens. Es handelt sich mithin um einen Bildungsvorgang, der desto stärker zu einer Europäisierung des Privatrechts beitragen wird, je mehr Protagonisten der Rechtsentwicklung in Europa sich ihm aussetzen. Einige dieser Initiativen werden im Folgenden kurz vorgestellt.[60]
Eines der ersten internationalen Netzwerke wurde von den Gründern der Zeitschrift für Europäisches Privatrecht geknüpft: einer der ersten beiden juristischen Fachzeitschriften, die sich auf dem neuen Forschungsfeld etabliert haben. Das Editorial des ersten Heftes aus dem Jahre 1993 hebt (neben der gemeinsamen Grundlage im alten *ius commune*, dem Gemeinschaftsprivatrecht und den völkerrechtlichen Konventionen im Bereich des Handels- und Wirtschaftsrechts) die Bedeutung der Rechtsvergleichung für die Herausbildung eines neuen *ius commune* und für das Redaktionsprogramm der Zeitschrift hervor. Die Herausgeber, korrespondierenden Herausgeber und Kuratoriumsmitglieder haben sich in regelmäßigen Abständen zu Symposien getroffen, um über die Umsetzung dieses Programms zu diskutieren. Die Zeitschrift präsentiert und analysiert unter anderem die Texte, die zu wesentlichen Bestandteilen des Europäischen

---

[60] Vgl. auch *Wolfgang Wurmnest*, Common Core, Grundregeln, Kodifikationsentwürfe, Acquis-Grundsätze – Ansätze internationaler Wissenschaftlergruppen zur Privatrechtsvereinheitlichung in Europa, ZEuP 11 (2003), 714 ff.

Privatrechts geworden sind; sie kommentiert wichtige Entscheidungen nationaler Gerichte in vergleichender und europäischer Perspektive; sie versucht, durch einen Essay-Wettbewerb unter Studenten Interesse an dem neuen Fach zu stimulieren; und sie hat, über die Jahre hinweg, eine Vielzahl von Arbeiten publiziert, die die vergleichende Methode in den Dienst des Europäischen Privatrechts stellen. Die andere Zeitschrift auf diesem Gebiet – sie wurde etwa gleichzeitig unter dem Namen *European Review of Private Law* gegründet – hat vergleichende Entscheidungsanmerkungen als neuen Typ europäischer Rechtsliteratur eingeführt, und sie enthält immer wieder Schwerpunkthefte zu Themenkreisen wie dem vergleichenden Sachenrecht, der Durchdringung des Privatrechts in Europa durch das Verfassungsrecht, oder der komparativen Implementationsforschung von Richtlinien. Wie die Zeitschrift für Europäisches Privatrecht hat auch die *European Review of Private Law* international zusammengesetzte Herausgeber- und Beiratsgremien etabliert. Dasselbe gilt für andere Zeitschriften, die inzwischen gegründet worden sind (*Europa e diritto privato, Maastricht Journal of European and Comparative Law*, etc.; seit einem Jahr erscheint auch ein *European Review of Contract Law*). Ein Vergleich zwischen der Zeitschrift für Europäisches Privatrecht und der *European Review of Private Law* läßt einen charakteristischen Unterschied bei der Bewältigung des Sprachenproblems erkennen: während die eine Zeitschrift überwiegend in Deutsch erscheint, daneben aber durchaus auch Beiträge auf Englisch und Französisch annimmt (zudem, in ihren Entscheidungsanalysen, großen Wert darauf legt, ihren Lesern Auszüge der Entscheidungen in der jeweiligen Originalsprache zu präsentieren), ist die andere offiziell dreisprachig, enthält tatsächlich aber weithin englischsprachige Beiträge (mit Zusammenfassungen auch auf Französisch und Deutsch). Beide Alternativen haben ihre Nachteile. Diese liegen in dem einen Fall in der beschränkten Verbreitung der Zeitschrift, in dem anderen in der sprachlichen Qualität mancher der Beiträge und Zusammenfassungen.

6. Auf der Suche nach dem gemeinsamen Kernbestand

Das zahlenmäßig größte der heute in Europa existierenden Netzwerke ist dasjenige, das sich um das *Common Core of European Private Law* Projekt in Trento herum herausgebildet hat.[61] Seine Ursprünge sind bescheiden: Sie reichen zurück auf ein Treffen von fünf Personen in

---

[61] *Mauro Bussani*, „Integrative" Comparative Law Enterprises and the Inner Stratification of Legal Systems, European Review of Private Law 8 (2000), 85 ff.;

der Universität Trento im Sommer 1993. Auf diesem Treffen wurde beschlossen, die Analyse typischer Fallkonstellationen durch Juristen der verschiedenen nationalen Rechtsordnungen Europas zum Markenzeichen des Projekts zu machen: ein Vorgehen, das zuvor bereits von einem Team von Wissenschaftlern um Rudolf Schlesinger im Zusammenhang mit den Problemen des Vertragsschlusses erprobt worden war[62] und von dem man hoffen konnte, daß es die praktische Bedeutung bestimmter Begriffe und Doktrinen beleuchten und Mißverständnisse und Stereotypen der rechtsvergleichenden Diskussion beiseite räumen würde. Im übrigen erwartete man von dem an Fallstudien orientierten Ansatz Aufschluß über die Arbeitsweise von Juristen aus den verschiedenen europäischen Staaten. Das Ziel des Trento Projekts ist deskriptiv: Es soll ermittelt werden, wieviel gemeinsamer Grund im Bereich des Privatrechts bereits (oder auch: noch) vorhanden ist. Die aus diesem Projekt hervorgegangenen Bände verstehen sich damit als eine Art Landkarte des Privatrechts in Europa, wie es tatsächlich ist, und nicht als Modell für eine Rechtsvereinheitlichung. Der erste dieser Bände befaßt sich mit Treu und Glauben im europäischen Vertragsrecht,[63] einem Thema von erheblicher praktischer Bedeutung angesichts der Tatsache, daß alle Rechtsordnungen innerhalb der Europäischen Union die Klausel-Richtlinie von 1993 umzusetzen und sich in diesem Rahmen mit den Herausforderungen auseinanderzusetzen hatten, die ein allgemeiner Maßstab von Treu und Glauben in sich birgt. Alle Mitarbeiter des Treu-und-Glauben-Projektes wurden darum gebeten, dreißig typische Fallkonstellationen auf drei verschiedenen Ebene zu analysieren. Zum einen sollten sie eine rein juristisch-dogmatische Lösung nach den Vorgaben ihrer eigenen Rechtsordnung entwickeln, dabei auch auf möglicherweise existierende Meinungsunterschiede hinweisen und die zugrundeliegenden rechtspolitischen Wertungen aufdecken. Zum zweiten sollten sie den juristischen Kontext der Entscheidung verdeutlichen und zum dritten auf institutionelle, verfahrensrechtliche oder rechtskulturelle Besonderheiten hinweisen, die für das Verständnis von Lösung oder Lösungsweg von Bedeutung sind. Jede Fallstudie wurde durch rechtsvergleichende Beobachtungen der Herausgeber abgeschlossen, die dann ihrerseits die Grundlage für eine allgemeine rechtsvergleichende Zusammenfassung boten. Insgesamt ergab sich ein beträchtlicher Einklang der Ergebnisse,

---

Mauro Bussani und Ugo Mattei (Hrsg.), The Common Core of European Private Law (2002).

[62] Rudolf Schlesinger (Hrsg.), Formation of Contracts: A Study of the Common Core of Legal Systems (Bde. I und II, 1968).

[63] Reinhard Zimmermann und Simon Whittaker (Hrsg.), Good Faith in European Contract Law (2000).

die jedoch unter Rückgriff auf eine große Vielzahl von Doktrinen erzielt wurden. Entgegen einer weit verbreiteten Ansicht ergaben sich Divergenzen in Ergebnis und Herangehensweise nicht entlang einer Bruchlinie *civil law/common law*. Inzwischen sind eine Reihe weiterer Studien zu Problemen des Vertrags-, Delikts- und Sachenrechts erschienen.[64] Weitere im Rahmen des Trento-Projektes etablierte Arbeitsgruppen werden ihre Ergebnisse in den nächsten Jahren vorlegen.

7. Civil law und common law

Der Graben, der nach verbreiteter Ansicht zwischen dem kontinentaleuropäischen *civil law* und dem englischen und irischen *common law* besteht,[65] gilt als eines der großen Hindernisse auf dem Weg zu einer Harmonisierung des Privatrechts in Europa. Diese traditionelle Auffassung hat zu einer Vielzahl kritischer Studien Anlaß gegeben, die sich darum bemühen, gemeinsamen Grund zu finden und die bestehenden Unterschiede zu konkretisieren oder auch kritisch zu evaluieren. Die einschlägige Literatur ist rechtshistorisch und rechtsvergleichend ausgerichtet, sie hat sowohl das materielle Recht als auch die juristischen Methoden in den Blick genommen, und sie hat beigetragen sowohl zu einem wachsenden Bewußtsein bereits bestehender Verbindungen zwischen *civil law* und *common law*[66] als auch zu bemerkenswerten Konvergenzen.[67] James Gordley hat die

---

[64] James Gordley (Hrsg.), The Enforceability of Promises in European Contract Law (2001); Mauro Bussani und Vernon Valentine Palmer (Hrsg.), Pure Economic Loss in Europe (2003); Eva-Maria Kieninger (Hrsg.), Security Rights in Movable Property in European Private Law (2004); Ruth Sefton-Green (Hrsg.), Mistake, Fraud and Duties to Inform in European Contract Law (2004).

[65] Er wird zum Teil zu einer *summa differentia*, oder einem unüberbrückbaren epistemologischen Abgrund, übersteigert; vgl. *Pierre Legrand*, Legal Traditions in Western Europe: The Limits of Commonality, in: R. Jagtenberg, E. Örücü und A.J. de Roo (Hrsg.), Transfrontier Mobility in Law (1995), 63 ff.

[66] *Reinhard Zimmermann*, Der europäische Charakter des englischen Rechts: Historische Verbindungen zwischen civil law und common law, ZEuP 1 (1993), 4 ff.; *David Ibbetson*, A Historical Introduction to the Law of Obligations (1999); *Richard H. Helmholz*, The Ius Commune in England: Four Studies (2001); *Harold J. Berman*, Law and Revolution II: The Impact of the Protestant Reformations on the Western Legal Tradition (2003), 201 ff.

[67] Basil S. Markesinis (Hrsg.), The Gradual Convergence: Foreign Ideas, Foreign Influences and English Law on the Eve of the 21st Century (1994); *idem*, Foreign Law and Comparative Methodology: a Subject and a Thesis (1997); *idem*

Unterscheidung sogar für überholt erklärt.[68] Und in der Tat muß jedem, der an einem oder mehreren der Harmonisierungsprojekte beteiligt war, deutlich geworden sein, daß die unter den kontinentaleuropäischen Rechtsordnungen bestehenden Unterschiede ebenso groß, mitunter sogar größer, sein können als die Unterschiede zwischen französischem und englischem oder deutschem und englischem Recht. Besondere Aufmerksamkeit ist in den vergangenen Jahren auf Themenbereiche gerichtet worden, die immer wieder zur Illustration angeblich tiefgreifender Unterschiede herhalten mußten, unter ihnen Treu und Glauben,[69] *trust*-Recht, ungerechtfertige Bereicherung und Gesetzesauslegung. In dem zuletzt genannten Punkt hat Stefan Vogenauers bedeutendes Werk deutlich werden lassen, daß England jahrhundertelang geradezu eine Provinz des *ius commune* war.[70] Und der *trust* entpuppt sich bei näherer historischer Analyse als englische Variation eines gemeineuropäischen Themas. Gemeinsame Entwicklungsmuster, vergleichbare gesellschaftliche Gegebenheiten, Gebrauch derselben Rechtsquellen und weitgehende Koinzidenz der verfolgten Zwecke: es läßt sich kaum sagen, daß ein epistemologischer Abgrund zwischen dem englischen *trust* und dem kontinentalen Recht geklafft hätte.[71]

Gerade auch in diesem Zusammenhang sind neue Formen internationaler Kooperation erprobt worden. So haben sich etwa englische und kontinentaleuropäische Juristen zusammengefunden, um zwölf Schlüsselfragen im Bereich der ungerechtfertigten Bereicherung zu identifizieren und einer rechtsvergleichenden Analyse zu unterwerfen. Jede dieser Fragen ist aus der Sicht sowohl des *civil law* als auch des *common law* analysiert worden.[72] Ein anderes Beispiel betrifft Rechtsordnungen, die historisch im Schnittfeld von *civil law* und *common law* liegen und die deshalb in jüngster Zeit die Aufmerksamkeit von Rechtsvergleichern wie auch von Wissenschaftlern auf sich gezogen haben, die sich mit der Vereinheitlichung

---

(Hrsg.), The Clifford Chance Millennium Lectures: The Coming Together of the Common Law and the Civil Law (2000).

[68] *James Gordley*, Common law und civil law: eine überholte Unterscheidung, ZEuP 1 (1993), 498 ff.

[69] Dazu Zimmermann/Whittaker (Fn. 63) sowie *Wolfgang Grobecker*, Implied Terms und Treu und Glauben: Vertragsergänzung im englischen Recht in rechtsvergleichender Perspektive (1998).

[70] *Stefan Vogenauer*, Die Auslegung von Gesetzen in England und auf dem Kontinent (2 Bde., 2001).

[71] Richard Helmholz und Reinhard Zimmermann (Hrsg.), Itinera Fiduciae: Trust and Treuhand in Historical Perspective (1998).

[72] David Johnston und Reinhard Zimmermann (Hrsg.), Unjustified Enrichment: Key Issues in Comparative Perspective (2002).

des europäischen Privatrechts befassen.[73] Hervorragende Bedeutung unter diesen „Mischrechtsordnungen" haben die unkodifizierten von Südafrika und Schottland. Ein kürzlich abgeschlossenes Projekt hat festzustellen versucht, inwieweit in beiden Ländern kohärente und rationale Lösungen zu Problemen entwickelt worden sind, die von Juristen des *civil law* und des *common law* unterschiedlich beurteilt werden. Teams führender Experten aus beiden Jurisdiktionen haben in länderübergreifender, rechtsvergleichender Zusammenarbeit zentrale Fragen des Schuldrechts und des Sachenrechts untersucht.[74] Die Kapitel dieses Buches bieten in einer Reihe von Bereichen das Bild einer eigenständigen Mischrechtsjurisprudenz, die praktisch belastbare Antworten auf Fragen gefunden hat, die auch auf dem Wege zu einem europäischen Privatrecht beantwortet werden müssen. Das *trust*-Recht bietet ein prominentes Beispiel. Weder Schottland noch Südafrika kennen die institutionelle Trennung von *law* und *equity*. Beide haben ein von römischen Begriffen geprägtes Sachenrecht. Gleichwohl haben beide ein praktisch leistungsfähiges *trust*-Recht entwickelt: echtes *trust*-Recht, ohne doch englisches *trust*-Recht zu sein.[75] Südafrikanische und schottische Erfahrungen haben denn auch eine wichtige Inspirationsquelle für die Ausarbeitung von Grundregeln eines Europäischen *trust*-Rechts gebildet.[76]

---

[73] Vernon Valentine Palmer (Hrsg.), Mixed Jurisdictions Worldwide: The Third Legal Family (2001); *Jan Smits*, The Making of European Private Law: Towards a Ius Commune Europaeum as a Mixed Legal System (2002), 107 ff.; *idem* (Hrsg.), The Contribution of Mixed Legal Systems to European Private Law (2001); *Reinhard Zimmermann*, Roman Law, Contemporary Law, European Private Law: The Civilian Tradition Today (2001), 107 ff.; *Kenneth G.C. Reid*, The Idea of Mixed Legal Systems, Tulane Law Review 78 (2003), 5 ff.

[74] Reinhard Zimmermann, Daniel Visser und Kenneth Reid (Hrsg.), Mixed Legal Systems in Comparative Perspective: Property and Obligations in Scotland and South Africa (2004).

[75] Für Einzelheiten, vgl. *M.J. de Waal*, The Core Elements of the Trust: Aspects of the English, Scottish and South African Trusts Compared, South African Law Journal 117 (2000), 548 ff.; *G.L. Gretton*, Trusts without Equity, International and Comparative Law Quarterly 49 (2000), 599 ff.

[76] D.J. Hayton, S.C.J.J. Kortmann und H.L.E. Verhagen (Hrsg.), Principles of European Trust Law (1999).

8. Grundregeln des Europäischen Vertragsrechts

Die Erarbeitung solcher Grundregeln ist in den letzten Jahren stark in Mode gekommen. Die Grundregeln des Europäischen *trust*-Rechts bieten nur ein Beispiel. Am Anfang dieser Entwicklung standen die Grundregeln des Europäischen Vertragsrechts, die 1995, 2000 und 2003 in drei Teilen publiziert worden sind.[77] Sie sind heute das am gründlichsten vorbereitete, am weitesten fortgeschrittene und international am stärksten beachtete Projekt europäischer Rechtsvereinheitlichung in einem zentralen Bereich des Privatrechts.

a) Charakteristische Merkmale

Die Grundregeln des Europäischen Vertragsrechts sind von einer Kommission für Europäisches Vertragsrecht erarbeitet worden, einer auf privater Initiative von Professor Ole Lando aus Kopenhagen (daher auch: Lando-Kommission) beruhenden Arbeitsgruppe ohne offiziellen Status. Sie bestand aus Wissenschaftlern aus allen Mitgliedstaaten der Europäischen Union. Mit der EU wuchs auch die Kommission: Zuletzt hatte sie 23 Mitglieder, davon drei aus Deutschland sowie je zwei aus Frankreich, Italien, England, Schottland und den Niederlanden. Insgesamt zog sich die Arbeit an den Grundregeln über einen Zeitraum von mehr als zwanzig Jahren hin. Teil I enthält 59 Artikel, die sich im Wesentlichen mit den Modalitäten der Leistungserbringung, mit der Nichterfüllung und den Rechtsbehelfen im Falle der Nichterfüllung, sowie mit einer Reihe von allgemeinen Fragen (Anwendung, Abdingbarkeit, Begriffsbestimmungen, allgemeine Verhaltenspflichten im Rechtsverkehr, etc.) befassen. Die 73 Artikel von Teil II behandeln das Recht des Vertragsschlusses, die Vollmacht von Vertretern, die Gültigkeit von Verträgen (einschließlich Willensmängel), die Auslegung von Verträgen sowie Inhalte und Wirkungen (einschließlich des Vertrages zugunsten Dritter). Schließlich regelt Teil III, verteilt über 69 Artikel, die Themen Mehrheit von Parteien (Schuldnermehrheit und Gläubigermehrheit), Abtretung, Schuldübernahme und Vertragsübernahme, Aufrechnung,

---

[77] Ole Lando und Hugh Beale (Hrsg.), Principles of European Contract Law (Part I, 1995); Ole Lando und Hugh Beale (Hrsg.), Principles of European Contract Law (Parts I und II, 2000); Ole Lando, Eric Clive, André Prüm und Reinhard Zimmermann (Hrsg.), Principles of European Contract Law (Part III, 2003). Französische, deutsche, italienische und spanische Übersetzungen dieser Bände sind entweder bereits veröffentlicht worden oder in Vorbereitung; für Deutschland vgl. *Christian von Bar* und *Reinhard Zimmermann*, Grundregeln des Europäischen Vertragsrechts (Teile I und II, 2002; Teil III, 2005).

Verjährung, Rechtswidrigkeit, Bedingungen und Kapitalisierung von Zinsen. Anders als Teil II ist Teil III nicht von vornherein in das bereits bestehende Regelwerk integriert, sondern zunächst separat publiziert worden.

Die sich über einen so langen Zeitraum erstreckende Entstehung und die Aufspaltung der Arbeit in drei Teile macht sich in den Grundregeln in mancherlei Hinsicht bemerkbar. So reicht die Grundkonzeption (Ausarbeitung von Grundregeln eines allgemeinen Vertragsrechts) auf die Zeit vor der Herausbildung eines verbrauchervertraglichen *acquis communautaire* zurück. Dieser ist damit bis zum Schluß weitgehend unberücksichtigt geblieben. Nicht bedacht wurde deshalb die schwierige Frage, inwieweit und gegebenenfalls in welcher Weise sich die verbraucherschützenden Regeln des Richtlinienrechts in die Grundregeln integrieren lassen.[78] In einem anderen Punkt ist die Grundkonzeption demgegenüber im Laufe der Zeit erweitert worden. Denn während sich die ersten beiden Teile der Grundregeln tatsächlich mit dem Vertragsrecht befassen, greifen zentrale Bereiche von Teil III darüber hinaus und beziehen sich ganz bewußt auf das Schuldrecht insgesamt. Sie bilden damit Kernbestandteile eines Allgemeinen Schuldrechts für Europa. Eine gewisse konzeptionelle Verschiebung hat sich offenbar auch im Hinblick auf die in den Grundregeln enthaltenen Bestimmungen vollzogen. Ursprünglich scheint es den Mitgliedern der Lando-Kommission nicht um die Vorbereitung eines unmittelbar anwendungsfähigen Systems konkreter Regeln gegangen zu sein; das ergibt sich nicht zuletzt aus dem englischen Titel des Werkes (*Principles of European Contract Law*). Doch erreichen die in einer Reihe der späteren Kapitel enthaltenen Regelungen einen Grad an Spezifität, der den in den bestehenden nationalen Kodifikationen enthaltenen Vorschriften nicht nachsteht. Der Begriff „Principles" verbirgt daher, daß es sich weithin um eine Art Modellgesetzbuch des europäischen Vertragsrechts handelt.[79] Schließlich hat das schrittweise Vorgehen bei der Erstellung der Grundregeln auch zu gewissen Abstimmungsdefiziten geführt. So enthalten alle drei Teile Regelungen über die Rückabwicklung gescheiterter Verträge. Dabei bezieht sich Art. 4:115 PECL auf Fälle, in denen ein Vertrag angefochten worden ist, Artt. 9:305 ff. PECL betreffen

---

[78] *Hans-W. Micklitz*, Verbraucherschutz in den Grundregeln des Europäischen Vertragsrechts, ZVglRWiss 103 (2004), 88 ff. Allgemein zum Verhältnis zwischen Verbrauchervertragsrecht und allgemeinem Vertragsrecht *Zimmermann* (Fn. 14), 159 ff.

[79] Zum Gebrauch des Begriffs „Prinzipien" im Gegensatz zu „Regeln" im methodologischen Diskurs siehe *Ronald Dworkin*, Taking Rights Seriously (1977), 22 ff.

die Aufhebung des Vertrages im Falle einer wesentlichen Nichterfüllung, und Art. 15:104 PECL regelt die Rückabwicklung bei Unwirksamkeit wegen Rechtswidrigkeit. Diese Verdreifachung der Regeln sowie die zwischen ihnen bestehenden Unterschiede sind nicht zu rechtfertigen. Es handelt sich hier um einen von mehreren Punkten, in denen die Grundregeln verbesserungsbedürftig sind.

Die Grundregeln des Europäischen Vertragsrechts sind das Ergebnis internationaler und rechtsvergleichend inspirierter wissenschaftlicher Zusammenarbeit. Zudem handelt es sich um ein echtes Gemeinschaftswerk. Zwar waren für die einzelnen Sachbereiche jeweils ein oder zwei „Berichterstatter" zuständig, deren Aufgabe unter anderem darin bestand, Entwürfe für die Artikel und den Kommentar zu erarbeiten. Doch zum einen handelte es sich jeweils um verschiedene Personen. Zum anderen wurden die von den Berichterstattern erarbeiteten Entwürfe einem Vorbereitungsausschuß und der Gesamtkommission vorgelegt und von beiden Gremien Satz für Satz in mehreren Durchgängen beraten, verfeinert, kritisiert, zurücküberwiesen, schließlich in zwei Lesungen angenommen und dann noch einmal von einem Redaktionsausschuß überarbeitet. Alles in allem traf die Kommission sich zu 26 in der Regel einwöchigen Plenarsitzungen, der Vorbereitungsausschuß tagte jeweils einige Monate vor den Plenarsitzungen. Es gab ein ausgeprägtes Bemühen um die Herstellung eines Konsenses; in einer Reihe von Punkten wurde freilich, nach Austausch aller Argumente für und gegen eine bestimmte Lösung, abgestimmt. Im übrigen haben sich die Verfasser der Grundregeln bewußt darum bemüht, keiner nationalen Rechtsordnung Modellcharakter beizumessen. Der Ansatz war rechtsvergleichend. Es ging der Kommission in erster Linie darum, den gemeinsamen Kernbestand der Vertragsrechte aller Mitgliedstaaten herauszufiltern und auf dieser Grundlage ein funktionstüchtiges System zu schaffen. Im Hintergrund stand insoweit der Gedanke eines *Restatement* des europäischen Vertragsrechts. Doch war den Verfassern der Grundregeln von vornherein klar, daß sie mit einer kreativeren Aufgabe konfrontiert waren als die Autoren der amerikanischen *Restatements*. Divergenzen waren aufgrund einer vergleichenden Bewertung der in den nationalen Rechtsordnungen gesammelten Erfahrungen, durch Beobachtung europäischer und internationaler Entwicklungstrends oder nach anderen möglichst rationalen Kriterien aufzulösen.[80]

Auch in der Struktur der Publikation sind die Grundregeln von den Restatements des US-amerikanischen Rechts inspiriert. Jeder Band enthält

---

[80] Praktische Beispiele für die in diesem Zusammenhang verwendeten Argumente finden sich bei *Zimmermann*, Comparative Foundations (Fn. 58).

zum einen den Text der Artikel, auf den sich die Kommission geeinigt hat, zum anderen aber auch, Artikel für Artikel, einen Kommentar einschließlich Anwendungsbeispielen sowie rechtsvergleichende Anmerkungen, die vor allem über die jeweils einschlägigen Rechtsregeln der Mitgliedstaaten berichten, im übrigen aber auch andere Rechtsquellen, wie z.B. internationale Konventionen, berücksichtigen. Die Artikel sind gleichzeitig in einer englischen und französischen Fassung veröffentlicht worden, wenngleich ansonsten für die Zwecke der Originalpublikation die englische Sprache gewählt worden ist. Die Frage möglichst unproblematischer Übersetzbarkeit spielte schon während der Kommissionsarbeiten eine große Rolle; zudem wurde so verhindert, daß den Grundregeln eine ausschließlich am englischen oder französischen Recht orientierte Begrifflichkeit zugrunde liegt.

b) Ziele und Perspektiven

Insgesamt läßt sich, denke ich, sagen, daß die Grundregeln des Europäischen Vertragsrechts Ausdruck einer langen Tradition sind, die sich durch ihre inhärente Flexibilität und Entwicklungsfähigkeit auszeichnet,[81] und daß sie als eine moderne Konkretisierung eines genuin europäischen Vertragsrechts angesehen werden können (und zwar auch dort, wo unkonventionelle Lösungen gewählt worden sind).[82] Welchen Beitrag können sie ihrerseits zu einer Europäisierung des Vertragsrechts leisten? Die Verfasser der Grundregeln selbst nennen eine Reihe von Zielen, die sie mit ihrer Arbeit verfolgen.[83] Es geht ihnen darum, den grenzüberschreitenden Handel innerhalb Europas zu erleichtern, indem sie ein von den Besonderheiten der verschiedenen nationalen Rechtsordnungen losgelöstes Regelwerk zur Verfügung stellen, dem Parteien ihr Geschäft unterstellen können. Ferner sehen sie in den Grundregeln die moderne Formulierung einer *lex mercatoria*, auf die Schiedsgerichte zurückgreifen können, die einen Streitfall gemäß den „allgemeinen Rechtsgrundsätzen" oder „international anerkannten Grundsätzen" zu entscheiden haben. Dies sind unmittelbar praktische Ziele. Eine stärker perspektivische Orientierung

---

[81] *Berman*, Law and Revolution I (Fn. 29), 1 ff.; *Reinhard Zimmermann*, Roman Law and the Harmonisation of Private Law in Europe, in: Hartkamp u.a. (Fn. 12), 21 ff.

[82] Näher hierzu *Reinhard Zimmermann*, Ius Commune: Europäische Rechtswissenschaft in Vergangenheit und Gegenwart, in: Dirk Heirbaut und Georges Martyn (Hrsg.), Napoleons nalatenschap – Un héritage Napoléonien (2005), 388 ff.

[83] Lando/Beale I und II (Fn. 77), xxi ff. (= von Bar/Zimmermann I und II [Fn. 77], XXIII ff.).

bringen die Verfasser der Grundregeln zum Ausdruck, wenn sie in ihrem Regelwerk eine allgemeine begriffliche und systematische Grundlage für Maßnahmen der Harmonisierung des Vertragsrechts im Rahmen der EU sehen und wenn sie es als Schritt auf dem Wege zu einer Kodifikation des europäischen Vertragsrechts betrachten.

Von zentraler Bedeutung in der näheren Zukunft scheint mir freilich ein weiterer Aspekt zu sein: die Grundregeln als Inspirationsquelle für Gerichte, Gesetzgebung und Rechtswissenschaft bei der Fortbildung der nationalen Vertragsrechte.[84] Denn auf absehbare Zeit werden wir es noch mit dem Nebeneinander von nationalen Privatrechtsordnungen in Europa zu tun haben. Viel wäre aber gewonnen, wenn diese sich Schritt für Schritt und gewissermaßen organisch assimilieren ließen. Die Grundregeln des Europäischen Vertragsrechts können in diesem Prozeß eine Schlüsselrolle spielen. Denn sie bieten einen durch rechtsvergleichende Arbeit von Juristen aus allen EU-Mitgliedstaaten erarbeiteten Orientierungspunkt, an dem das nationale Recht gemessen werden und der für seine Auslegung und Fortbildung richtungweisend sein kann. Leider sind die Grundregeln in Deutschland noch nicht in die allgemeine dogmatische Literatur zum BGB eingedrungen. Demgegenüber zitieren etwa niederländische Autoren auch dann, wenn sie lediglich eine Frage des niederländischen Vertragsrechts behandeln, fast schon routinemäßig die Grundregeln. Und ein neues Studienbuch zum englischen Vertragsrecht verweist immer wieder auf die Grundregeln, obwohl es sich ausdrücklich nicht als rechtsvergleichende Arbeit bezeichnet.[85] Eine weitere interessante Initiative stammt aus den Niederlanden. Hier haben fünf Autoren jüngst ihre eigene Rechtsordnung systematisch vom Standpunkt der Grundregeln aus beleuchtet und damit gleichzeitig von einem übernationalen Referenzrahmen aus das niederländische Recht für ausländische Juristen leichter zugänglich gemacht.[86] Der deutsche Gesetzgeber hat die Grundregeln in der Schlußphase der Schuldrechtsreform zur Kenntnis genommen und berücksichtigt; das neue Verjährungsrecht beruht in seinen Grundlinien auf dem von der Lando-Kommission vorgeschlagenen Modell.[87] Nationale Gerichte

---

[84] Vgl. auch *Jan Smits*, PECL and the Harmonization of Private Law in Europe, in: Antoni Vaquer Aloy (Hrsg.), La Tercera Parte de los Principios de Derecho Contractual Europeo (2005), 567 ff.

[85] *Ewan McKendrick*, Contract Law: Text, Cases and Materials (2003).

[86] *Danny Busch, Ewoud Hondius, Hugo van Kooten, Harriet Schelhaas* und *Wendy Schrama*, The Principles of European Contract Law and Dutch Law: A Commentary (Bd. I, 2002; Bd. II, 2006). Zu Deutschland vgl. Jürgen Basedow (Hrsg.), Europäische Vertragsrechtsvereinheitlichung und deutsches Recht (2000).

[87] Dazu näher *Zimmermann* (Fn. 14), 122 ff.

haben sich freilich des in den Grundregeln liegenden Potentials für eine harmonisierende Gesetzesauslegung[88] noch nicht wirklich zu bedienen begonnen.

9. Grundregeln des Europäischen Deliktsrechts

Die erfolgreiche Zusammenarbeit innerhalb der Lando-Kommission hat eine Reihe ähnlicher Initiativen in anderen Bereichen inspiriert. Eine von ihnen ist die *European Group on Tort Law*, ursprünglich auch bekannt unter dem Namen Tilburg-Gruppe; heute wird sie vom *European Centre of Tort and Insurance Law* in Wien koordiniert. Seit ihrer Gründung im Jahre 1993 hat diese Gruppe sich darum bemüht, die moderne Entwicklung des Deliktsrechts rechtsvergleichend zu erfassen; inzwischen sind eine Vielzahl von Bänden erschienen, die sich mit Themen wie Rechtswidrigkeit, Kausalität, Schaden, Gefährdungshaftung, Haftung für Schäden, die durch andere herbeigeführt wurden, mitwirkendes Verschulden oder Haftung mehrerer befassen.[89] Zudem sind Mitglieder dieser Gruppe in einer Reihe weiterer, von dem Wiener Deliktsrechtszentrum initiierter rechtsvergleichender Projekte involviert gewesen, darunter in solchen zur Arzthaftung, zum Schadensersatz bei Körper- und Gesundheitsschäden, zu immateriellen Schäden, den Auswirkungen der Sozialversicherung auf das Deliktsrecht und reinen Vermögensschäden.[90] Die aus all diesen Projekten entstandenen Bände enthalten Länderberichte anhand von Fragebögen, die in der Regel eine Mischung aus abstrakten Fragen und konkreten Fallbeispielen enthalten. Die Länderberichte bieten dann die Grundlage für einen rechtsvergleichenden Generalbericht durch den oder die Herausgeber des jeweiligen Bandes. Zudem begann das Zentrum im Jahre 2001 mit der Publikation eines Jahrbuchs zur Entwicklung des Deliktsrechts in Europa (sowie gelegentlich auch europäisch beeinflußter außereuropäischer Rechtsordnungen). Diese Aktivitäten haben den Weg zur Erreichung des wichtigsten Zieles auf der Agenda der *Group on European Tort Law* geebnet: der Ausarbeitung von Grundregeln des Europäischen Deliktsrechts. Sie

---

[88] *Walter Odersky*, Harmonisierende Auslegung und europäische Rechtskultur, ZEuP 2 (1994), 1 ff. Odersky ist ehemaliger Präsident des Bundesgerichtshofes.

[89] Siehe zuletzt Pierre Widmer (Hrsg.), Unification of Tort Law: Fault (2005).

[90] Der jüngste Beitrag, der sechzehnte in einer dem Delikts- und Versicherungsrecht gewidmeten Reihe, ist Gerhard Wagner (Hrsg.), Tort Law and Liability Insurance (2005).

sind in der zweiten Hälfte des Jahres 2004 publiziert worden.[91] In vielen Punkten ähneln sie den Grundregeln des Europäischen Vertragsrechts. Wie die Lando-Kommission stützte sich auch die *European Group on Tort Law* nicht auf ein oder zwei nationale Modellrechtsordnungen, sondern wählte einen rechtsvergleichenden Ansatz. Wie die Lando-Kommission hat auch die *European Group on Tort Law* nicht Prinzipien im Sinne der üblichen rechtstheoretischen Terminologie vorgelegt, sondern Rechtsregeln (wenngleich mitunter sehr allgemeine). Beide Entwürfe sind auch durch einen beträchtlichen Grad an Flexibilität charakterisiert. Doch während die Vertragsrechts-Grundregeln mit Standards wie „angemessen", „Treu und Glauben" oder „verhältnismäßig" operieren, bedienen sich die Deliktsrechts-Grundregeln der Technik des beweglichen Systems:[92] sie legen eine Grundnorm nieder und bemühen sich dann um eine Spezifizierung der verschiedenen Elemente, die in ihrem Zusammenspiel eine Haftung begründen können. Im übrigen sind beide Grundregelwerke aber in einem ganz ähnlichen Stil verfaßt: man hat sich um die Formulierung von Rechtssätzen bemüht, die kurz, allgemein und möglichst leicht verständlich sind. Die Verwendung von Begriffen, die sehr stark von dem Verständnishintergrund einer bestimmten nationalen Rechtsordnung geprägt sind, wird so weit wie möglich vermieden. Anders als die Lando-Kommission scheint die *European Group on Tort Law* sich ausschließlich auf Englisch verständigt zu haben; Englisch ist auch die Originalsprache der Publikation. Beide Gremien hatten Arbeits- und nicht lediglich Konsultativfunktion; sie waren ursprünglich recht klein und wuchsen dann im Laufe der Zeit. Beide waren international zusammengesetzt. Doch während die Lando-Kommission mindestens je ein Mitglied aus allen Ländern der EU hatte, und keines von außerhalb der Grenzen der EU, gehörten der *European Group on Tort Law* auch Mitglieder aus der Schweiz, Israel, Südafrika und den Vereinigten Staaten an; andererseits waren in ihr nicht alle EU-Mitgliedstaaten vertreten. Die Zusammensetzung der *Tort Law* Gruppe spiegelt besser die Tatsache wider, daß die Mitglieder beider Gremien nicht als Vertreter ihrer Herkunftsrechtsordnung ausgewählt wurden, deren Interessen sie hätten

---

[91] ZEuP 12 (2004), 427 ff. sowie nunmehr *European Group on Tort Law*, Principles of European Tort Law: Text and Commentary (2005). Dazu *Helmut Koziol*, Die „Principles of European Tort Law" der „European Group on Tort Law", ZEuP 12 (2004), 234 ff.; *Reinhard Zimmermann*, Principles of European Contract Law and Principles of European Tort Law: Comparison and Points of Contact, in: Helmut Koziol und Barbara C. Steininger (Hrsg.), European Tort Law 2003 (2004), 2 ff.

[92] Hierzu *Walter Wilburg*, Entwicklung eines beweglichen Systems im bürgerlichen Recht (1950).

vertreten sollen. Zudem berücksichtigt sie zwei miteinander verbundene Umstände: Privatrecht, das sich jedenfalls in historischer Perspektive als „europäisch" beschreiben läßt, existiert auch außerhalb Europas;[93] und die Grenzen der Europäischen Union erscheinen als einigermaßen künstlich, wenn es darum geht, die Entwicklungstrends des internationalen (ja sogar des europäischen!) Deliktsrechts zu erfassen.[94]

10. Weitere Grundregeln

Weitere, ähnlich ausgerichtete Initiativen sind Grundregeln eines Europäischen Treuhandrechts (sie wurden von einer internationalen Arbeitsgruppe mit Standort in Nimwegen erarbeitet und 1999 publiziert),[95] Grundsätze des europäischen Insolvenzrechts (erarbeitet ebenfalls von einer internationalen Arbeitsgruppe mit Standort in Nimwegen, Publikationsdatum: 2003)[96] sowie Prinzipien zum Europäischen Familienrecht betreffend Ehescheidung und nachehelichen Unterhalt (sie wurden verfaßt von einer internationalen Kommission zum Europäischen Familienrecht mit Sitz in Utrecht und sind 2004 erschienen).[97] Die zuletzt genannte Kommission hatte zuvor zwei thematisch einschlägige rechtsvergleichende Studien publiziert[98] und wird sich in Zukunft mit weiteren Themen im Bereich

---

[93] *Reinhard Zimmermann*, Europäisches Privatrecht und Europa, ZEuP 1 (1993), 439 ff.; *Eugen Bucher*, Zu Europa gehört auch Lateinamerika!, ZEuP 12 (2004), 515 ff.

[94] Siehe *Pierre Widmer*, Reform und Vereinheitlichung des Haftpflichtrechts auf schweizerischer und europäischer Ebene, in: Zimmermann (Fn. 45), 147 ff.

[95] Oben Fn. 76; eine deutsche Fassung findet sich unter III.40 in Schulze/Zimmermann (Fn. 12).

[96] W.W. McBryde, A. Flessner und S. Kortmann (Hrsg.), Principles of European Insolvency Law (2003); deutsche Fassung der Grundsätze unter III.70 in Schulze/Zimmermann (Fn. 12); vgl. ferner *Axel Flessner*, Grundsätze des europäischen Insolvenzrechts, ZEuP 12 (2004), 887 ff.

[97] Katharina Boele-Woelki, Frédérique Ferrand, Cristina Gonzalez Beilfuss, Maarit Jänterä-Jareborg, Nigel Lowe, Dieter Martiny und Walter Pintens (Hrsg.), Principles of European Family Law Regarding Divorce and Maintenance Between Former Spouses (2004). Deutsche Fassung der Prinzipien unter III.50 in Schulze/Zimmermann (Fn. 12); vgl. ferner *Katharina Boele-Woelki* und *Dieter Martiny*, Prinzipien zum Europäischen Familienrecht betreffend Ehescheidung und nachehelichen Unterhalt, ZEuP 14 (2006), 6 ff.

[98] Katharina Boele-Woelki, Bente Braat und Ian Sumner (Hrsg.), European Family Law in Action, Bd. I: Grounds for Divorce (2003); Bd. II, Maintenance between Former Spouses (2003). Vgl. auch *Katharina Boele-Woelki*, Comparative

des Familienrechts befassen. Eine internationale Projektgruppe, die ein Restatement des Versicherungsvertragsrechts erarbeitet, wurde 1999 mit Sitz in Hamburg und Innsbruck gegründet.

Die Erarbeitung von Grundregeln eines bestimmten Rechtsgebietes ist auch im Bereich der globalen Rechtsharmonisierung in Mode gekommen. So konkurrieren die Grundregeln des Europäischen Vertragsrechts auf internationaler Ebene mit den Grundregeln der Internationalen Handelsverträge von UNIDROIT (publiziert im Jahre 1994, und 2004 in einer überarbeiteten und erweiterten Ausgabe erschienen).[99] Beide Regelwerke sind in vielen Punkten miteinander vergleichbar. Insbesondere sind sie in ähnlicher Weise erarbeitet worden, sie verfolgen ähnliche Ziele, und sie sind in einem ganz ähnlichen Stil formuliert. Vergleichbar sind auch ihr Aufbau und die Struktur der Publikation (wenngleich bei den *Principles of International Commercial Contracts* auf rechtsvergleichende Anmerkungen verzichtet wurde). Ins Auge fallen vor allem zwei Unterschiede: (i) UNIDROIT verfolgt eine globale, nicht lediglich auf die EU bezogene Zielsetzung; (ii) das UNIDROIT-Projekt beschränkt sich auf die Regelung internationaler Handelsverträge, während die Lando-Kommission Grundregeln eines allgemeinen Vertragsrechts erarbeitet hat. Angesichts dessen mag es auf den ersten Blick als erstaunlich erscheinen, daß die Inhalte der Regelungen sich insgesamt nicht sehr stark voneinander unterscheiden, in vielen Bereichen sogar übereinstimmen.[100] Das mag man sich in dem ersten der genannten Punkte mit der Dominanz europäisch geprägten Rechtsdenkens auch außerhalb Europas erklären. Ad (ii) erweist sich offenbar, daß, was für Handelsverträge als angemessen betrachtet wird, jedenfalls weithin auch für Verbraucherverträge sowie für Verträge, die in keine dieser Kategorien fallen, angemessen ist, und umgekehrt. Damit bestätigt sich ein Befund, der sich auch bei der Entwicklung des modernen Kaufrechts

---

research-based drafting of principles of European Family Law, in: Michael Faure, Jan Smits und Hildegard Schneider (Hrsg.), Towards a European Ius Commune in Legal Education and Research (2002), 171 ff.

[99] UNIDROIT (Hrsg.), Principles of International Commercial Contracts 2004 (2004); hierzu näher *Michael Joachim Bonell*, UNIDROIT Principles 2004 – The New Edition of the Principles of International Commercial Contracts, adopted by the International Institute for the Unification of Private Law, Uniform Law Review 9 (2004), 6 ff.; *Reinhard Zimmermann*, Die Unidroit-Grundregeln der internationalen Handelsverträge 2004 in vergleichender Perspektive, ZEuP 13 (2005), 268 ff.

[100] *Arthur S. Hartkamp*, Principles of Contract Law, in: Hartkamp u.a. (Fn. 12) 125 ff.; *Michael Joachim Bonell*, An International Restatement of Contract Law (3. Aufl., 2005), 335 ff.

beobachten läßt: Die Regelungen der Verbrauchsgüterkauf-Richtlinie, etwa zum Begriff der Vertragsmäßigkeit und zu den Rechtsbehelfen bei Vertragswidrigkeit, entsprechen im wesentlichen den im UN-Kaufrecht niedergelegten Normen – eines Regelwerkes also, das Konsumentenkäufe aus seinem Anwendungsbereich gerade ausschließt.[101] Die Übereinstimmung zwischen diesen beiden internationalen Dokumenten wird ganz erheblich zur Herausbildung eines gemeinsamen Referenzrahmens für die Diskussion und Entwicklung des Kaufrechts in Europa beitragen.[102] Dasselbe läßt sich, auf der Grundlage eines Vergleichs zwischen den UNIDROIT- und den Lando-Grundregeln, für viele zentrale Bereiche des allgemeinen Vertragsrechts sagen.

Europäische und internationale Rechtsvereinheitlichung gehen oft Hand in Hand und beeinflussen einander. Das ist einer von zwei Gründen, warum Vereinheitlichungsinitiativen, die über die Grenzen der Europäischen Union hinausreichen (wie CISG, das Genfer Übereinkommen über die Vertretung beim internationalen Warenkauf, das UNIDROIT-Übereinkommen über das internationale Factoring von Ottawa oder das Kapstädter Übereinkommen über internationale Sicherungsrechte an beweglicher Ausrüstung), bei der Betrachtung der Rechtsvereinheitlichung in Europa im Auge behalten werden müssen.[103] Der andere Grund liegt einfach darin, daß eine internationale Rechtsvereinheitlichung häufig auch, implizit, zu einer Rechtsvereinheitlichung in Europa führt. Ein weiteres, potentiell auch für Europa bedeutsames Dokument sind die unter der Ägide des American Law Institute und von UNIDROIT erarbeiteten Grundregeln zum transnationalen Zivilprozeßrecht, die 2004 fertiggestellt und 2005 veröffentlicht worden sind.[104] Eine europäische Arbeitsgruppe unter Leitung von Marcel Storme hatte 1994 einen Bericht über die

---

[101] *Stefan Grundmann*, Verbraucherrecht, Unternehmensrecht, Privatrecht – warum sind sich UN-Kaufrecht und EU-Kaufrechts-Richtlinie so ähnlich?, AcP 202 (2002), 40 ff.

[102] Siehe *Viola Heutger*, Konturen des Kaufrechtskonzeptes der Study Group on a European Civil Code – Ein Werkstattbericht, European Review of Private Law 11 (2003), 155 ff.; *Viola Heutger* und *Christoph Jeloschek*, Towards Principles of European Sales Law, in: Hartkamp u.a. (Fn. 12), 533 ff.

[103] Vgl. auch *Harry M. Flechtner*, The CISG's Impact on International Unification Efforts: The UNIDROIT Principles of International Commercial Contracts and the Principles of European Contract Law, in: Franco Ferrari (Hrsg.), The 1980 Uniform Sales Law (2003), 169 ff.; Bonell (Fn. 99), 301 ff.

[104] Siehe *Rolf Stürner*, The Principles of Transnational Civil Procedure: An Introduction to Their Basic Conception, RabelsZ 69 (2005), 201 ff.; deutscher Text der Grundregeln unter III.60 in Schulze/Zimmermann (Fn. 12).

Annäherung des Zivilprozeßrechts vorgelegt.[105] Die darin enthaltenen Empfehlungen sind jedoch von der Europäischen Kommission nicht umgesetzt worden.

11. Schritte auf dem Weg zu einer Kodifikation?
Study Group und Avant-projet

Eine wachsende Zahl europäischer Juristen betrachtet heute die Kodifikation des europäischen Vertragsrechts (oder jedenfalls wichtiger Teilbereiche desselben) als machbar und wünschenswert. Zwei internationale Initiativen haben sich dieser Aufgabe angenommen. Die eine ist eine *Accademia dei Giusprivatisti Europei* mit Sitz in Pavia, die ein *Avant-projet* eines Europäischen Vertragsrechtsgesetzbuchs vorgelegt hat.[106] Obwohl (oder wohl eher: weil) die Akademie aus fast 100 Mitgliedern besteht, ist der *Avant-projet* im Wesentlichen das Werk eines Mannes: Giuseppe Gandolfi, auf dem Titelblatt der Publikation allzu bescheiden als „Koordinator" bezeichnet. Die Akademie hatte nicht viel mehr als eine Beratungsfunktion: Sie gab Anregungen, kommentierte Vorentwürfe und hat sich gelegentlich sowohl in Plenarsitzungen als auch in nationalen Untergruppen getroffen. Im übrigen orientiert sich der *Avant-projet* an zwei Vorbildern, nämlich einerseits dem italienischen *Codice civile* (der Elemente des deutschen und französischen Rechts miteinander kombiniert) und andererseits einem Ende der 1960'er Jahre im Auftrag der englischen *Law Commission* erarbeiteten *Contract Code* (der freilich in England weder in Kraft getreten noch auch nur publiziert worden ist).[107] Ein weiterer bemerkenswerter Unterschied zu so gut wie allen anderen Vereinheitlichungsprojekten liegt darin, daß der *Avant-projet* in französischer Sprache abgefaßt worden ist. Insgesamt bietet er eine anregende Diskussionsgrundlage, aber noch keinen ausgereiften Regelungsvorschlag. Zudem ist zweifelhaft, ob sich ein Entwurf, der weder auf umfassender rechtsvergleichender Grundlagenarbeit noch auf wirklich

---

[105] Marcel Storme (Hrsg.), Rapprochement du Droit Judiciaire de l'Union Européenne – Approximation of Judiciary Law in the European Union (1994).

[106] Giuseppe Gandolfi (Koordinator), Code Européen des Contrats: Avant-projet (2000); deutsche Übersetzung des Textes der Grundregeln unter III.60 in Schulze/Zimmermann (Fn. 12).

[107] *Harvey McGregor*, Contract Code drawn up on behalf of the English Law Commission (1993), veröffentlicht im Giuffré Verlag, Mailand.

internationaler Zusammenarbeit beruht, einem unbefangenen Beobachter als europäisches Modellgesetzbuch empfiehlt.[108]

Die andere Initiative ist die *Study Group on a European Civil Code*, die 1998 auf Anregung, und unter Leitung, von Christian von Bar gegründet worden ist.[109] Sie ist zu einem weitverzweigten internationalen Netzwerk geworden, das aus einer Vielzahl von Arbeits-, Beratungs-, Koordinierungs- und Lenkungsgremien sowie besonderen Projektgruppen besteht und weitgehend von einer Reihe nationaler Forschungsförderungsorganisationen finanziert wird. Die *Study Group* setzt in gewisser Weise die Arbeiten der Lando-Kommission fort, indem sie Modellregelungen für die dem allgemeinen Vertragsrecht benachbarten Rechtsbereiche vorbereitet: Delikt, ungerechtfertigte Bereicherung, Geschäftsführung ohne Auftrag, Kauf, Dienstleistungen, Dauerschuldverhältnisse, Versicherungsverträge, Kreditsicherheiten und Eigentumsübergang von beweglichen Sachen. Die Arbeitsgruppen haben ihren Sitz in Osnabrück, Hamburg, Salzburg, Utrecht, Tilburg und Amsterdam. Eine Reihe von Vorentwürfen sind bereits der Fachöffentlichkeit vorgestellt worden; und für das Versicherungsvertragsrecht ist eine umfassende rechtsvergleichende Studie in drei Bänden von Jürgen Basedow und Till Fock herausgegeben worden.[110] Mit der Publikation der endgültigen Arbeitsergebnisse der Study Group ist ab 2006 zu rechnen; diese Publikationen werden in Stil und Struktur vermutlich denen der Lando-Kommission ähneln.

V. Eine Zwischenbilanz

1. Schuldrecht – und darüberhinaus?

Betrachtet man zudem die große Anzahl rechtsvergleichender Studien zu einzelnen Themen des europäischen Privatrechts[111] sowie weitere Initia-

---

[108] Ausführliche Kritik bei *Reinhard Zimmermann*, Der „Codice Gandolfi" als Modell eines einheitlichen Vertragsrechts für Europa?, in: Festschrift für Erik Jayme (Bd. II, 2004), 1401 ff.

[109] *Christian von Bar*, Die Study Group on a European Civil Code, in: Festschrift für Dieter Henrich (2000), 1 ff.

[110] Jürgen Basedow und Till Fock (Hrsg.), Europäisches Versicherungsvertragsrecht (Bde. I und II, 2002; Bd. III, 2003).

[111] Viele von ihnen wurden in Schriftenreihen veröffentlicht, die dem Europäischen Privatrecht gewidmet sind; so, unter anderen, Schriften zur Europäischen

tiven wie die Gründung einer *Society of European Contract Law* (*Secola*) und einer *Study Group on Social Justice in European Private Law*,[112] so wird deutlich, daß die Rechtsvergleichung sich ihrer neuen Aufgabe mit großem Eifer angenommen hat. Mitunter entsteht geradezu der Eindruck, als könne ein Projekt im Bereich der Privatrechtsvergleichung nur dann noch mit Aussicht auf Erfolg in Angriff genommen werden, wenn es für die Europäisierung des Privatrechts von Bedeutung ist. Hin und wieder erscheint es deshalb erforderlich darauf hinzuweisen, daß die Rechtsvergleichung ebenso legitime andere Aufgaben hat. Ursprünglich wurde die Europäisierung des Privatrechts als wissenschaftliche Aufgabe vor allem von deutschen Autoren propagiert und getragen. Inzwischen hat diese programmatische Ausrichtung auch in anderen europäischen Ländern großen Anklang gefunden, so in Italien, Spanien (hier besonders in Katalonien), Schottland und vor allem in den Niederlanden. Die Privatrechtswissenschaft in anderen Ländern, insbesondere in Frankreich, hat demgegenüber ausgesprochen zurückhaltend reagiert. Stark gefördert worden ist der Gedanke der Europäisierung durch einen Prozeß der Rechtsvereinheitlichung „von oben", d.h. im Wege der Richtliniengesetzgebung durch die Europäische Union, der jedoch weithin als zu punktuell, unkoordiniert und schädlich für die systematische Integrität des Privatrechts empfunden wurde. Eine breit angelegte und wissenschaftlich-rechtsvergleichend fundierte Europäisierung des Privatrechts wurde von manchen als Strategie betrachtet, diese Entwicklung einzudämmen, von anderen, sie zu unterstützen. Innerhalb des traditionellen Kernbereichs des Privatrechts hat bislang ganz eindeutig das Vertragsrecht im Zentrum der Aufmerksamkeit gestanden. Der Binnenmarkt bildet die mächtigste politische und wirtschaftliche Antriebskraft für eine Harmonisierung des Privatrechts im Rahmen der

---

Rechts- und Verfassungsgeschichte (Duncker & Humblot, seit 1991), Europäisches Wirtschaftsrecht (C.H. Beck, seit 1992), Ius Commune Europaeum (Intersentia, seit 1993), Europäisches Privatrecht (Nomos, seit 1996), Grundlagen und Schwerpunkte des Privatrechts in europäischer Perspektive (Nomos, seit 1999), Untersuchungen zum Europäischen Privatrecht (Duncker & Humblot, seit 1999), Salzburger Studien zum Europäischen Privatrecht (Peter Lang, seit 1999), Private Law in European Context Series (Kluwer, seit 2002), Europäisches Privatrecht (Stämpfli, seit 2002), Schriften zur Europäischen Rechtswissenschaft (Sellier European Law Publishers, seit 2005).

[112] Zur erstgenannten Initiative vgl. *Stefan Grundmann*, Die Gesellschaft für Europäisches Vertragsrecht (Secola) – und eine Tagung in Leuven zum Europäischen Vertragsgesetzbuch, ZEuP 11 (2003), 189 ff., zur letztgenannten vgl. Study Group on Social Justice in European Private Law (Hrsg.), Social Justice in European Contract Law: A Manifesto, European Law Journal 10 (2004), 653 ff.

EU, und das Vertragsrecht hat einen besonders intensiven Bezug zum Binnenmarkt. Deshalb betrifft eine erhebliche Anzahl von Richtlinien diesen Bereich. Hinzu kommt, daß das Vertragsrecht trotz zweihundert Jahren weithin national isolierter Rechtsentwicklung doch auch heute noch sehr viel internationaler in seinem Charakter und in seiner Substanz ist als das Deliktsrecht, Sachenrecht oder Familienrecht. Doch bildet das Vertragsrecht in seiner europäischen Tradition (unter Einschluß von England) nur einen Bestandteil einer umfassenderen systematischen Einheit: des Schuldrechts.[113] Die zweite tragende Säule des Schuldrechts ist das Deliktsrecht. Andere außervertragliche Schuldverhältnisse beruhen auf ungerechtfertigter Bereicherung und (in der Tradition des kontinentalen Rechts) der Geschäftsführung ohne Auftrag. Vertrag, Delikt, ungerechtfertigte Bereicherung und Geschäftsführung ohne Auftrag sind nun aber auf so vielfältige Weise aufeinander bezogen und miteinander verbunden, daß die isolierte Betrachtung nur einer dieser Komponenten ausgesprochen problematisch ist. Damit war zu erwarten, daß alsbald auch das Schuldrecht insgesamt von der Sogwirkung der Europäisierung erfaßt werden würde. Das ist denn auch geschehen, auch wenn bis heute das Vertragsrecht das in dieser Hinsicht am weitesten fortgeschrittene und am eingehendsten untersuchte Rechtsgebiet geblieben ist. Sachenrecht, Familienrecht und Erbrecht sind bisher nur am Rande berührt worden. Dabei hat sich im Sachenrecht die Aufmerksamkeit weithin auf das Mobiliarsachenrecht beschränkt. Das gilt für die von Eva-Maria Kieninger im Rahmen des Trento *Common Core* Projektes herausgegebene rechtsvergleichende Studie[114] ebenso wie für die beiden sachenrechtlichen Arbeitsgruppen der *Study Group* oder für Willem Zwalves zugleich rechtshistorisches wie rechtsvergleichendes Pionierwerk.[115] Christian von Bar hat freilich eine Reihe von Büchern herausgegeben, die eine systematische Einführung in die nationalen Sachenrechtsordnungen in Europa insgesamt bieten.[116]

---

[113] Peter Birks (Hrsg.), The Classification of Obligations (1997); *idem*, More Logic and Less Experience: The Difference between Scots and English Law, in: David L. Carey Miller und Reinhard Zimmermann (Hrsg.), The Civilian Tradition and Scots Law: Aberdeen Quincentenary Essays (1997), 167 ff.

[114] Oben Fn. 64.

[115] *Willem Zwalve*, Hoofdstukken uit de geschiedenis van het Europese privaatrecht (Bd. I: Inleiding en zakenrecht, 2. Aufl., 2003).

[116] Christian von Bar (Hrsg.), Sachenrecht in Europa (Bd. I, 2000; Bd. II, 2000; Bd. III, 1999; Bd. IV, 2001). Vgl. ferner G.E. van Maanen und A.J. van der Walt (Hrsg.), Property Law on the Threshold of the 21st century (1996) sowie die Beiträge von *Ulrich Drobnig, Roy Goode* und *Hans G. Wehrens*, in: Hartkamp u.a. (Fn. 12), 725 ff.

Im Bereich des Familienrechts ist die (selbsternannte) Kommission zum Europäischen Familienrecht bereits erwähnt worden. Dieter Henrich und Dieter Schwab haben demgegenüber an der Universität Regensburg das Feld des Europäischen Familienrechts schon seit Mitte der 1990'er Jahre zu bestellen begonnen.[117] Vergleichsweise starke Beachtung hat die vergleichende Erforschung des *trust*-Rechts gefunden. Vor kurzem ist in Hamburg ein umfangreiches Forschungsprojekt zum Stiftungsrecht in Angriff genommen worden.[118] Kaum mehr als der eine oder andere programmatische Artikel ist dagegen bislang der Europäisierung im Bereich des Erbrechts gewidmet worden.[119]

2. Ein Bildungsvorgang

Die Europäisierung des Privatrechts steht seit etwa fünfzehn Jahren auf der Agenda rechtsvergleichender Forschung. In dieser Zeit sind eine Reihe neuer Arbeitsformen erfolgreich erprobt worden. Doch hat keines der im Vorstehenden erwähnten Projekte die konventionelle „Methode" der Rechtsvergleichung, wie sie etwa bei Zweigert/Kötz beschrieben ist, erschüttert.[120] Die bislang geleistete Arbeit war in ihrem Charakter entweder deskriptiv, indem sie sich um eine möglichst akkurate Darstellung der europäischen Rechtslandschaft bemüht hat; oder aber sie hat auch eine normative Komponente, indem sie die beste, oder passendste, Lösung eines Problems auf europäischer Ebene herauszuarbeiten versucht. Die in diesem Zusammenhang verwandten Argumente können ökonomischer

---

[117] Der erste Band der „Beiträge zum europäischen Familienrecht" (herausgegeben von Dieter Schwab und Dieter Henrich) erschien 1994.

[118] Klaus J. Hopt und Dieter Reuter (Hrsg.), Stiftungsrecht in Europa (2001). Eine historisch-vergleichende Studie zum deutschen und US-amerikanischen Recht bietet *Andreas Richter*, Rechtsfähige Stiftung und Charitable Corporation (2001).

[119] *Dieter Leipold*, Europa und das Erbrecht, in: Festschrift für Alfred Söllner (2000), 647 ff.; *Walter Pintens*, Die Europäisierung des Erbrechts, ZEuP 9 (2001), 628 ff.; *Alain Verbeke* und *Yves-Henri Leleu*, Harmonisation of the Law of Succession in Europe, in: Hartkamp u.a. (Fn. 12), 335 ff. Vgl. aber auch Murad Ferid, Karl Firsching, Heinrich Dörner und Reiner Hausmann (Hrsg.), Internationales Erbrecht (Loseblatt, seit 1974); David Hayton (Hrsg.), European Succession Laws (1998); *Rembert Süß* und *Ulrich Haas* (Hg.), Erbrecht in Europa (2004).

[120] So auch etwa *Mathias Reimann*, The Progress and Failure of Comparative Law in the Second Half of the Twentieth Century, American Journal of Comparative Law 50 (2002), 671 ff.

Natur sein, sie können auf Erfahrungen der Vergangenheit beruhen oder von systematischen Anliegen geprägt sein, usw.: „Kriterien der kritischen Auswertung sind die von den Juristen täglich angewandten, nämlich zu überlegen, welche von mehreren Lösungen zweckmäßiger und gerechter erscheint. In diesem Punkte ist der Rechtsvergleicher daher nicht klüger als derjenige Jurist, der nur den Boden des heimischen Rechts beackert."[121] Rechtsvergleichung ist häufig eng verbunden gewesen mit rechtshistorischen Untersuchungen.[122] Immerhin haben ja auch Rechtshistoriker zu den ersten gehört, die auf das Unnatürliche und Anachronistische hingewiesen haben, das in der nationalen Fragmentierung des Privatrechts und der Privatrechtswissenschaft in Europa liegt; und sie haben gezeigt, daß ein Bewußtsein der gemeinsamen Vergangenheit den Weg in eine gemeinsame Zukunft erleichtern kann. Ein charakteristisches Merkmal rechtsvergleichender Forschung unter dem Vorzeichen der Europäisierung des Privatrechts ist die erstaunliche Proliferation internationaler Arbeitsgruppen. Die durch sie beförderte Interaktion hat zu einem erheblichen Bewußtseinswandel beigetragen. Das ist schon an sich von großem Wert. Sie hat aber auch zu Ergebnissen geführt. Mitunter ist nur der kleinste gemeinsame Nenner unter den divergierenden Lösungen und Traditionen gefunden worden. In anderen Fällen haben sich tragfähige Grundlagen von erheblichem Ausmaß feststellen lassen. Vielfach hat der grenzüberschreitende Diskurs zu einer Einigung über die Superiorität einer Lösung gegenüber einer anderen geführt. Gelegentlich sind auch unkonventionelle Lösungen gefunden worden, die den zeitgenössischen Vorstellungen und Verhältnissen besser zu entsprechen scheinen als die althergebrachten. Sie lassen sich als organische Fortentwicklung (oder, in den Worten der Lando-Kommission, als „progressive development") innerhalb des durch die Tradition des europäischen Rechts vorgegebenen intellektuellen Rahmens verstehen, bedeuten mitunter aber auch die Wiederkehr von älteren und zeitweise verdrängten Vorstellungen und Lösungsansätzen.[123] Es handelt sich, mit anderen Worten, um einen Bildungsvorgang, der zudem nicht selten zu interessanten Ergebnissen führt; und diese Ergebnisse können ihrerseits die Fortbildung der nationalen Privatrechte anleiten und stimulieren.

---

[121] *Zweigert/Kötz* (Fn. 38) 46.

[122] *Hein Kötz,* Was erwartet die Rechtsvergleichung von der Rechtsgeschichte?, JZ 1992, 20 ff.; *Axel Flessner,* Die Rechtsvergleichung als Kundin der Rechtsgeschichte, ZEuP 7 (1999), 513 ff.

[123] Beispiele bei Zimmermann (Fn. 82), 407 ff.

VI. Ausblick

1. Zeit für eine Kodifikation?

Was wird die Zukunft bringen? Manche werden sagen (oder doch hoffen): eine Kodifikation des Europäischen Privatrechts. Ein prominenter Verfechter dieser Idee ist seit einigen Jahren das Europäische Parlament.[124] Die Kommission zielt, vorsichtiger, auf die Vorbereitung eines Gemeinsamen Referenzrahmens für das Europäische Vertragsrecht mit dem Ziel einer Verbesserung der Kohärenz des gegenwärtigen und des künftigen *acquis communautaire*; dieser Referenzrahmen kann dann als Grundlage für ein optionelles Rechtsinstrument dienen.[125] Die *Principles of European Contract Law* der Lando-Kommission werden dabei vermutlich eine Schlüsselrolle spielen. Daß allein die Möglichkeit einer Kodifizierung des Europäischen Privatrechts, oder doch eines Teilbereiches desselben, heute ernsthaft diskutiert wird, ist angesichts der verbreiteten Stimmungslage zu Beginn der 1990'er Jahre nichts weniger als erstaunlich. Doch ist die Wünschbarkeit und sind die Realisierungschancen eines Europäischen Zivil- (oder Vertrags- oder Vermögens-)Gesetzbuches unter Juristen in Europa heftig umstritten.[126]

Die Diskussion heute hat offenkundige Parallelen zum Kodifikationsstreit in Deutschland zu Beginn des 19. Jahrhunderts. „In dem Zweck sind wir einig", hatte Savigny damals in Erwiderung auf Thibauts Forderung geschrieben, die unerträgliche Vielfalt der Partikularrechte durch ein modernes Gesetzbuch nach dem Vorbild des *Code civil* zu beenden. „Wir wollen ... Gemeinschaft der Nation und Concentration ihrer wissenschaftlichen Bestrebungen auf dasselbe Objekt." Doch sah er das rechte Mittel nicht in der Gesetzgebung, sondern in einer „organisch fortschreitenden Rechtswissenschaft, die der ganzen Nation gemeyn sein kann".[127] Savignys Streit-

---

[124] Vgl. oben Fn. 20.

[125] Siehe jüngst die Mitteilung der Kommission an das Europäische Parlament und den Rat: Europäisches Vertragsrecht und Überarbeitung des gemeinschaftlichen Besitzstands - weiteres Vorgehen, KOM (2004) 651 endg.

[126] Die Parameter der wissenschaftlichen Diskussion analysiert *Stephen Weatherill*, Why Object to the Harmonization of Private Law by the EC?, European Review of Private Law 12 (2004), 633 ff. Vgl. auch den Überblick bei *Ewoud Hondius*, Towards a European Civil Code, in: Hartkamp u.a. (Fn. 12), 3 ff.

[127] *Friedrich Carl von Savigny*, Vom Beruf unserer Zeit für Gesetzgebung und Rechtswissenschaft, leicht zugänglich durch den Wiederabdruck bei Hans Hattenhauer (Hrsg.), Thibaut und Savigny: Ihre programmatischen Schriften (2. Aufl., 2002), 126.

schrift wurde zum Grundkodex der Historischen Schule, die ihrerseits zu einer Rechtsvereinheitlichung auf wissenschaftlicher Ebene führte – sowie schließlich auch, nach Jahrzehnten der wissenschaftlichen Grundlegung, zu einem Bürgerlichen Gesetzbuch für das gesamte Deutsche Reich. Dabei handelte es sich freilich um ein Gesetzbuch, das keinen Wendepunkt der deutschen Rechtsentwicklung markierte, sondern eher gewisse Züge eines *Restatement* aufwies; und das für den an seiner Vorbereitung maßgeblich beteiligten Bernhard Windscheid kaum mehr war als „ein Punkt in der Entwicklung, ... eine Welle im Strome".[128] Ganz ähnlich läßt sich auch heute die Herausbildung einer gemeineuropäischen Rechtswissenschaft als eine der großen Herausforderungen unserer Zeit betrachten:[129] einer Wissenschaft, die schließlich auch den Weg bereiten mag für eine Kodifikation, die dann ebenso erfolgreich und allgemein akzeptiert sein könnte wie der *Code civil* in Frankreich oder das BGB in Deutschland. Heute sehen wir nicht mehr als die Anfänge einer solchen Entwicklung. Denn es sollte nicht übersehen werden, daß, ungeachtet der in diesem Vortrag dargestellten Entwicklungen, die nationalen Gerichte, die Rechtsdogmatik und die Juristenausbildung noch immer überwiegend auf die nationalen Kodifikationen (oder das einheimische *common law*) fixiert sind.

Davon abgesehen ist auch der Umfang eines optionalen (oder vielleicht sogar bindenden?) „Rechtsinstruments"[130] ganz unklar. Wohl kaum jemand wird die Ansicht vertreten, daß es sogleich Regeln zum Immobiliarsachenrecht, Familienrecht oder Erbrecht enthalten sollte. Doch sollte es sich vor allem auf das allgemeine Vertragsrecht beschränken? Das scheint die

---

[128] *Bernhard Windscheid*, Die geschichtliche Schule in der Rechtswissenschaft, in: Paul Oertmann (Hrsg.), Bernhard Windscheid: Gesammelte Reden und Abhandlungen (1904), 76. Vgl. ferner *Reinhard Zimmermann*, Das Bürgerliche Gesetzbuch und die Entwicklung des Bürgerlichen Rechts, in: Mathias Schmoeckel, Joachim Rückert und Reinhard Zimmermann (Hrsg.), Historisch-kritischer Kommentar zum BGB (Bd. I, 2003), vor § 1, Rdz. 1 ff.

[129] *James Gordley*, Comparative Legal Research: Its Function in the Development of Harmonized Law, American Journal of Comparative Law 43 (1995), 555 ff.; *Reinhard Zimmermann*, Savigny's Legacy: Legal History, Comparative Law, and the Emergence of a European Legal Science, Law Quarterly Review 112 (1996), 576 ff.; *idem*, Roman Law (Fn. 73).

[130] Zur Diskussion der Optionen (Europäisches Gesetzbuch anstelle der nationalen Rechte oder aber ein optionales Europäisches Gesetzbuch, das lediglich neben die nationalen Rechte tritt, sie aber nicht ersetzt) vgl. die Beiträge in Stefan Grundmann und Jules Stuyck (Hrsg.), An Academic Green Paper on European Contract Law (2002), 131 ff. Vgl. ferner die konzeptionellen Überlegungen bei *Jürgen Basedow*, Das BGB im künftigen europäischen Privatrecht: Der hybride Kodex, AcP 200 (2000), 445 ff.

Kommission der Europäischen Gemeinschaften im Auge zu haben. Oder müßte es auch benachbarte Rechtsbereiche wie die von der *Study Group on a European Civil Code* behandelten erfassen? Ebenso unklar ist, ob und inwieweit das Europäische Gemeinschaftsrecht eine Kompetenzgrundlage für ein derartiges Rechtsinstrument bietet.[131] Diese Frage ist ihrerseits eng verbunden mit der Entscheidung über seine Rechtsverbindlichkeit und seinen Umfang. Und schließlich ist durchaus zweifelhaft, inwieweit sich neben politischen Erwägungen (ein Europäisches Zivilgesetzbuch als Symbol europäischer Einheit) auch ökonomische Argumente zugunsten einer Rechtsvereinheitlichung anführen lassen. Das geschieht zwar regelmäßig. Doch haben führende Vertreter der ökonomischen Analyse des Rechts die Annahmen in Frage gestellt, auf denen die einschlägigen Argumente beruhen.[132]

2. Rechtsvergleichung und Rechtsgeschichte

Wie immer die Antwort auf diese Fragen ausfällt, der Prozeß der Europäisierung wird sich fortsetzen, wahrscheinlich sogar beschleunigen. Natürlich wird auch weiterhin die Rechtsvergleichung von zentraler Bedeutung sein. Das wird bestritten nur von denen, die seltsamerweise Rechtskultur im Wesentlichen mit nationaler Rechtskultur gleichsetzen und zudem die Aufmerksamkeit der Rechtsvergleichung gänzlich auf die Untersuchung (oder, wie sie sich mitunter ausdrücken, die festliche Hervorhebung) von *Unterschieden* in Mentalität, Stil und Herangehensweise richten wollen.[133] Die Rechtsvergleichung wird auch weiterhin von einer Zusammenarbeit mit der Rechtsgeschichte profitieren. Rechtsgeschichte hilft uns, den gemeinsamen Grund zu erkennen, der die modernen nationalen Rechtsordnungen trägt: als Ergebnis einer gemeinsamen Tradition, paralleler Entwicklung, grenzübergreifender intellektueller Befruchtung oder Rezeption von

---

[131] Vgl. hierzu *Ulrich G. Schroeter*, Europäischer Verfassungsvertrag und europäisches Vertragsrecht, ZEuP 14 (2006), Heft 3.

[132] Zum Vertragsrecht, siehe *Claus Ott* und *Hans-Bernd Schäfer*, Die Vereinheitlichung des europäischen Vertragsrechts – Ökonomische Notwendigkeit oder akademisches Interesse?, in: Claus Ott und Hans-Bernd Schäfer (Hrsg.), Vereinheitlichung und Diversität des Zivilrechts in transnationalen Wirtschaftsräumen (2002), 203 ff.; zum Deliktsrecht: *Michael G. Faure*, How Law and Economics May Contribute to the Harmonization of Tort Law, in: Zimmermann (Fn. 45), 31 ff.

[133] *Pierre Legrand*, Fragments on Law-as-Culture (1999); *idem*, The same and the different, in: Pierre Legrand und Roderick Munday (Hrsg.), Comparative Legal Studies: Traditions and Transitions (2003), 240 ff.

Rechtsregeln und Begriffen. Gleichermaßen vermag sie Diskrepanzen im praktischen Ergebnis, in der Herangehensweise und in der Rechtsdogmatik zu erklären. Erst diese Art von Verständnis bereitet den Weg für rationale Kritik und organische Entwicklung des Rechts. Natürlich rechtfertigt sich die Vergangenheit nicht selbst; und vielfach bietet sie auch keine Lösungen für moderne Probleme. Doch ein Verständnis der Vergangenheit ist die erste wesentliche Voraussetzung dafür, passende Lösungen für die Gegenwart zu finden. Das gilt im Rahmen einer bestimmten nationalen Rechtsordnung ebenso wie für die Herausbildung eines europäischen Privatrechts. Und wie die Rechtsgeschichte dort der Entwicklung einer sachgerechten Privatrechtsdogmatik dienen kann, bildet sie hier die Grundlage wissenschaftlich fundierter Rechtsvergleichung.[134]

3. Die „Vergemeinschaftsrechtlichung" der Rechtsvergleichung

Eine Dimension rechtsvergleichender Arbeit in Europa, die erheblich gestärkt werden muß, betrifft das Gemeinschaftsprivatrecht. Denn ebenso wie wir einen Prozeß zunehmender Vergemeinschaftsrechtlichung der nationalen Privatrechte erleben, wird das europäische Gemeinschaftsprivatrecht eine wichtige Rolle zu spielen haben bei der Entwicklung von Grundregeln eines Europäischen Privatrechts. Die Rechtsakte der Europäischen Union im Bereich des Privatrechts sind zu verstreut und zu schlecht koordiniert, um selbst als Grundlage für die Erarbeitung von Modellregelungen des Vertragsrechts oder des Deliktsrechts zu dienen. Doch können Grundregeln des Europäischen Vertrags- oder Deliktsrechts wie die von der Lando-Kommission oder der *European Group on Tort Law* veröffentlichten kaum wirklich europäisch genannt werden, wenn sie die einschlägige Richtliniengesetzgebung (oder auch das einschlägige Fallrecht des EuGH) überhaupt nicht berücksichtigen. Die Vernachlässigung dieser gemeineuropäischen Rechtsquellen ist eine der größten Schwächen der *Principles of European Contract Law*. Auch andere Forschungsprojekte sollten einen Prozeß befördern, der sich als Vergemeinschaftsrechtlichung

---

[134] *Eugen Bucher*, Rechtsüberlieferung und heutiges Recht, ZEuP 8 (2000), 394 ff.; *Zimmermann* (Fn. 73), 107 ff.; *James Gordley*, Why Look Backward?, American Journal of Comparative Law 50 (2002), 657 ff.; *Nils Jansen*, „Tief ist der Brunnen der Vergangenheit": Funktion, Methode und Ausgangspunkt historischer Fragestellungen in der Privatrechtsdogmatik, ZNR 27 (2005), 202 ff.

der Rechtsvergleichung bezeichnen läßt.[135] Gleichzeitig muß die Rechtsvergleichung aber auch beitragen zu einer Öffnung und europäischen
Vertiefung des Gemeinschaftsprivatrechts: eine Entwicklung, durch
die eine tragfähige Grundlage für das Gemeinschaftsprivatrecht in den
Begriffen und Grundregeln geschaffen wird, die den Rechtsordnungen
der EU-Mitgliedstaaten gemeinsam sind.[136] Zwar hat die Kommission
der Europäischen Gemeinschaften auch früher schon rechtsvergleichende
Studien in Auftrag gegeben, bevor sie eine neue Richtlinie erlassen hat.[137]
Doch ist häufig unklar, welche Rolle diese Studien dann bei der Vorbereitung der Richtlinien tatsächlich gespielt haben. Und während es nicht
erforderlich sein mag, Bücher nach Brüssel zu bringen,[138] scheint doch
erheblicher Bedarf an der Bereitstellung von ebenso transparenter wie
gründlicher rechtsvergleichender Information zu bestehen. Dasselbe läßt
sich im Hinblick auf die Entscheidungen des EuGH sagen. Im Bereich der
außervertraglichen Haftung der Gemeinschaft für durch ihre Organe oder
Bedienstete in Ausübung ihrer Amtstätigkeit verursachte Schäden hat der
Gerichtshof sich nach den „allgemeinen Rechtsgrundsätzen [zu richten],
die den Rechtsordnungen der Mitgliedstaaten gemeinsam sind",[139] und die
Suche nach derartigen allgemeinen Rechtsgrundsätzen, oder die kritische
vergleichende Evaluation der in den verschiedenen nationalen Rechtsord-

---

[135] Zu den überwiegend auf das Gemeinschaftsprivatrecht bezogenen Initiativen
zählen: Peter-Christian Müller-Graff (Hrsg.), Gemeinsames Privatrecht in der
Europäischen Gemeinschaft (2. Aufl., 1999), 9 ff.; *Stefan Grundmann*, Europäisches
Schuldvertragsrecht (1999); *Nicolo Lipari*, Trattato di Diritto Privato Europeo
(2. Aufl., 4 Bde., 2003); *Karl Riesenhuber*, System und Prinzipien des Europäischen
Vertragsrechts (2003); Martin Gebauer und Thomas Wiedmann (Hrsg.), Zivilrecht
unter europäischem Einfluß (2005); die *Casebooks* Entscheidungen des EuGH
(Nomos, seit 1999); die *European Research Group on Existing EC Private Law*
(„Acquis-Gruppe") (vgl. hierzu: *Wurmnest*, ZEuP 11 (2003), 740 ff.); die seit
2004 bei C.F. Müller erscheinende Schriftenreihe „Ius Communitatis" (Hrsg.
Stefan Grundmann); und eine neue Zeitschrift mit dem Titel „Zeitschrift für
Gemeinschaftsprivatrecht" (Sellier European Law Publishers, seit 2004).
[136] *Renaud Dehousse*, Comparing National and EC Law: The Problem of the
Level of Analysis, American Journal of Comparative Law 42 (1994), 761 ff.; *Walter
van Gerven*, Comparative Law in a Texture of Communitarization of National Laws
and Europeanization of Community Law, in: Judicial Review in European Union
Law: Liber Amicorum in Honour of Lord Slynn of Hadley (2000), 433 ff.
[137] Vgl. etwa *Norbert Reich* und *Hans-W. Micklitz*, Consumer Legislation in
the EC Countries: A Comparative Analysis (8 Bde., 1980).
[138] *Thomas Hoeren*, Bringt Bücher nach Brüssel – Überlegungen zur Informa-
tionskultur bei den Europäischen Gemeinschaften, NJW 2000, 3112 f.
[139] Vgl. oben Text und Nachweise bei Fn. 18.

nungen vorhandenen Rechtsregeln, ist auch in anderen Bereichen von erheblicher Bedeutung. Doch über den Einsatz der rechtsvergleichenden Methode innerhalb des Gerichtshofs läßt sich kaum etwas sagen, da sie in der Regel in den Urteilen und ihrer Begründung keine Spuren hinterläßt. Nicht selten beauftragt der Gerichtshof offenbar seinen Forschungsdienst mit der Ausarbeitung rechtsvergleichender Memoranda zu bestimmten Rechtsproblemen. Da diese jedoch nicht publiziert werden, ist es nicht möglich, ihren Umfang und ihre Qualität zu beurteilen.[140]

Die rechtsvergleichende Forschung in Europa sollte, auch soweit sie mit der großen Aufgabe der Europäisierung des Privatrechts befaßt ist, ihre Aufmerksamkeit nicht auf Europa beschränken. Auch aus den Erfahrungen in anderen Teilen der Welt läßt sich viel lernen.[141] Die US-amerikanischen *Restatements* haben sich bereits als eine wertvolle Inspirationsquelle bei der Suche nach Grundregeln des Europäischen Privatrechts erwiesen. *Casebooks* sind dabei, ein etablierter Bestandteil der europäischen Rechtsbibliothek zu werden. Die Schaffung eines *European Law Institute* nach dem Vorbild des amerikanischen *Law Institute* ist vorgeschlagen worden.[142] Und auch in der Kunst der Kodifikation können europäische Juristen von ihren transatlantischen Kollegen lernen: Privatrechtsvereinheitlichung durch Ausarbeitung von Modellgesetzen bietet ein Beispiel, die Kodifikations-erfahrung in Mischrechtsordnungen (Louisiana, Québec) ein anderes.

---

[140] *Thijmen Koopmans*, The Birth of European Law at the Crossroads of Legal Traditions, American Journal of Comparative Law 39 (1991), 493 ff.; *C.N. Kakouris*, L'utilisation de la Méthode Comparative par la Cour de Justice des Communautés Européennes, in: Ulrich Drobnig und Sjef van Erp (Hrsg.), The Use of Comparative Law by Courts (1999), 97 ff.; *Markku Kiikeri*, Comparative Legal Reasoning and European Law (2001).

[141] Siehe *Richard Hyland*, The American Experience: Restatements, the UCC, Uniform Laws, and Transnational Coordination, in: Hartkamp u.a. (Fn. 12), 59 ff.; *Mathias Reimann*, Towards a European Civil Code: Why Continental Jurists Should Consult Their Transatlantic Colleagues, Tulane Law Review 73 (1999), 1337 ff., Reimann beklagt hier einen gewissen, unter europäischen Juristen verbreiteten Provinzialismus. Vgl. aber auch *Mathias Reimann*, Amerikanisches Privatrecht und europäische Rechtseinheit – Können die USA als Vorbild dienen?, in: Reinhard Zimmermann (Hrsg.), Amerikanische Rechtskultur und europäisches Privatrecht (1995), 132 ff.

[142] *Werner F. Ebke*, Unternehmensrechtsangleichung in der Europäischen Union: Brauchen wir ein European Law Institute?, in: Festschrift für Bernhard Großfeld (1999), 189 ff.

4. Über die Rechtsvergleichung hinaus?

Die herkömmliche „rechtsvergleichende Methode", die auf dem funktionalen Ansatz beruht, wird auch in Zukunft eine erhebliche Rolle für die Europäisierung des Privatrechts spielen. Ökonomische Analyse kann für den evaluativen Aspekt rechtsvergleichender Arbeit von Bedeutung sein: denn die effizientere wird nicht selten auch die bessere Lösung für ein Rechtsproblem sein. Doch hat die Validität dieser Art von Argumentation keinen spezifischen Bezug zur Europäisierung des Privatrechts. Dasselbe gilt für andere nicht-konventionelle Formen der Rechtswissenschaft (*critical legal studies*; Autopoiesis-Theorie): Soweit sie Beifall verdienen, gilt das für den juristischen Diskurs im Allgemeinen; und soweit sie Implikationen für die Rechtsvergleichung haben, haben sie diese für die Rechtsvergleichung im Allgemeinen. Es ist gegenwärtig unmöglich, den zukünftigen Einfluß dieser neuen Ansätze auf den Prozeß der Europäisierung durch Rechtsvergleichung einzuschätzen. Die Anwendung der traditionellen rechtsvergleichenden Methode wird freilich auf Schwierigkeiten stoßen in Bereichen, in denen wir adäquate Begriffs- und Systemkategorien erst noch zu schaffen haben, die Wertungen transportieren, die den europäischen Rechtsordnungen gemeinsam sind; oder in denen eine Einigung über diese grundlegenden Wertungen erst noch gefunden werden muß. Das sind konstruktive Aufgaben, die in ihren Dimensionen überhaupt erst wahrgenommen zu werden beginnen.[143]

Bibliographie

Reinhard Zimmermann, Savignys Vermächtnis: Rechtsgeschichte, Rechtsvergleichung und die Begründung einer Europäischen Rechtswissenschaft, Juristische Blätter 1998, 273 ff.
Martin Gebauer, Grundfragen der Europäisierung des Privatrechts (1998)
Stefan Grundmann (Hrsg.), Systembildung und Systemlücken in Kerngebieten des Europäischen Privatrechts (2000)
Mark van Hoecke und François Ost (Hrsg.), The Harmonisation of European Private Law (2000)
Claus-Wilhelm Canaris, Die Stellung der „UNIDROIT Principles" und der „Principles of European Contract Law" im System der Rechtsquellen, in: Jürgen Basedow (Hrsg.), Europäische Vertragsrechtsvereinheitlichung und deutsches Recht (2000), 5 ff.

---

[143] *Nils Jansen* (Fn. 47) 64 ff.; *idem*, Dogmatik, Erkenntnis und Theorie im europäischen Privatrecht, ZEuP 13 (2005), 750 ff.

58

Reinhard Zimmermann, Roman Law, Contemporary Law, European Law: The Civilian Tradition Today (2001)

Jan Smits, The Making of European Private Law: Towards a Ius Commune Europaeum as a Mixed Legal System (2002)

Mauro Bussani und Ugo Mattei (Hrsg.), The Common Core of European Private Law (2002)

Martijn W. Hesselink, The New European Private Law: Essays on the Future of Private Law in Europe (2002)

Hein Kötz, Alte und neue Aufgaben der Rechtsvergleichung, JZ 2002, 257 ff.

Mathias Reimann, The Progress and Failure of Comparative Law in the Second Half of the Twentieth Century, American Journal of Comparative Law 50 (2002), 671 ff.

Ugo Mattei, The European Codification Process: Cut and Paste (2003)

Mark van Hoecke (Hrsg.), Epistemology and Methodology of Comparative Law (2004)

Arthur Hartkamp, Martijn Hesselink, Ewoud Hondius, Carla Joustra, Edgar du Perron und Muriel Veldman (Hrsg.), Towards a European Civil Code (3. Aufl., 2004)

Nils Jansen, Binnenmarkt, Privatrecht und europäische Identität (2004)

Reiner Schulze und Reinhard Zimmermann (Hrsg.) Europäisches Privatrecht: Basistexte (3. Aufl., 2005)

www.ingramcontent.com/pod-product-compliance
Lightning Source LLC
Chambersburg PA
CBHW050653190326
41458CB00008B/2549